死を語る50人の言葉

宗教家・学者・医師・芸術家の「死生観」

近代文化史研究会 編

アーツアンドクラフツ

本書は、二〇一五年九月にアーツアンドクラフツより刊行された自然民俗誌『やまかわうみ　二〇一五年　vol.11』「特集　現代日本人の「死生観」」より連載を除いて単行本化した。

［執筆者］大林織江、金子遊、須藤隆、中里勇太、
滑川英達、村松泰聖、森一高

装丁◉林　二朗

はじめに

ふって湧いた新型コロナウイルスによる感染症は、瞬く間にパンデミック（感染爆発）となり、世界中に大きな災禍をもたらしました。日本でも三年間で、累計六万二〇〇〇人以上の死者を数えるに至りました。身近な人が隔離され、面会もかなわず、亡くなっていきました。

コロナ禍による「突然の死」がある一方、高齢化社会にいる私たちは日常で多くの「死」に遭遇しています。それらの「死」は、私たち自身の生き方に大きく作用することになります。

本書では、各界の方々が「死」と向き合い、どのように生きていったかを、言葉（文章）で挙げました。

困難な時代を生きる参考となればと思います。

近代文化史研究会

目次

芸術家（俳優・監督等）

死を語る50人の言葉

――宗教家・学者・医師・芸術家の「死生観」

＊生涯、寺の住職とならなかった禅の実践者

澤木興道

（さわき・こうどう）

曹洞宗禅僧

一八八〇（明治十三）年、三重県津市新東町の生まれ。一九三五（昭和十）年、駒澤大学教授・総持寺後堂等に就任。一九六五年、京都安泰寺で死去。八十五歳。

【死を語る言葉】

無常を観ずるということにもいろいろあろうけれども、わしのように、幼いころに、母に死なれ、父に死なれ、叔父は見ている前で目をむいてぶっ倒れ、一瞬のうちに冷たくなった。わしは無常なんていう痛切なものを観じなかった。そういうときの心配は、ただ今後だれが自分を養ってくれるかということだけだった。

（中略）

大体、人間はいつ死ぬるかもわからないものではあるが、いざ死ぬというときには、あっさりといってしまうもので、いわば都合が悪いからちょっと待ってもらうというわけにはいかない、まことに待てしばしのないものである。このとき、この広い世界になに一つあてになるものはないのだということが、しんからわかったような気がした。

（『沢木興道　聞き書き』酒井得元著）

人生はコマのごとくめぐる。またスポーツも、勝ちづめに勝つということもない、負けづめに負けるということもない。（中略）

その一つの瞬間にやるところの今、どの技も、どの動作も、瞬間ぎりに、宇宙一杯、全生命、永遠の生命に力を打ち込んでやるのが、これが人生という。（中略）

時間は流れづめに流れておる。その中で生命というものは、この瞬間ぎりなんです。この瞬間ぎりに、よそ見なし、精一杯に……。

（『澤木興道　禅を語る』）

私も、八十過ぎると、ここも今年限りと、こう……。また、来年も生きておって動けたら……。生きておっても動けんようになるかも知れんもんなあ……。だから我々のこの肉体ぐるめの、あるいは我々の能力というものは、限りがあるんです。それを超越して、それを無限に廻向するのが仏道というもんです。（中略）

だから私はそいつをまあ、最後の御奉公ではね、遺言があるんですよ。遺言状をちゃんと私は荷物の中に入れてある。

拙僧、死亡の際は、最寄りの医科大学解剖室において御自由に御使用下されたく、この段申し遺し候

と書いてある。これが最後の御奉公です。最後の御布施ですよ。

（『禅とは何か』）

幼名多田才吉。五歳のとき、母しげ逝去。八歳のとき、父惣太郎急逝。一家離散。父方叔母「ひいの」方に預けられたが、叔父（ひいのの夫）急逝、澤木家の養子になる。一八九六（明治二十九）年、十七歳で家出し、永平寺に向かう。翌年、永平寺を出発、熊本県天草郡楠浦村宗心寺に向かう。同寺住職沢田興法について得度。一九〇〇年、雲水となって兵庫県円通寺、京都府宝泉寺、掛川市法泉寺をめぐり、翌年兵役にとられる。この間に「学道用心集」「永平清規」「坐禅用心記不能語」の講義を受け、只管打坐《しかんたざ》の基礎を学んだ。一九〇四年、日露戦争で重傷を負う。一九四六（昭和二十一）年、東京都港区芝三田松坂町で宗教法人参禅道場開設。一九五七年、曹洞宗玄僧堂師家に就任。

寺に住むことを嫌った澤木は次のように住職生活を批判した。〈寺で生活している連中は、なにかあるとすぐ口ぐせに、「これも仏のおかげ」と言うものだが、わしはいったい何が仏のおかげかというような気がする。（中略）／仏法のためになったのならとにかく、逆に仏法を自分の生活の足しにしている坊主生活が、ただ人の死ぬのを待って、葬式のお布施稼ぎで暮らしているだけなら、おかげどころか、仏を削って食いつぶしているだけのことである。〉（『沢木興道　聞き書き』講談社学術文庫、一九八四年）この言葉どおり、澤木は寺の住職につくことなく生涯を終えた。

功績・エピソード等

澤木老師は講演、説教などを記録することを嫌ったため、自身の筆になったものはない。

（須藤隆）

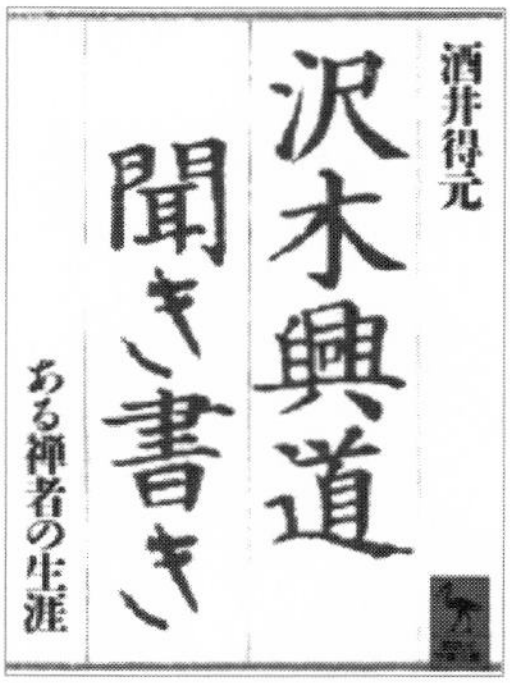

『沢木興道　聞き書き―ある禅者の生涯』酒井得元著（講談社学術文庫、1984年）

◉**著書など**

『禅を語る　澤木興道』（一九九八年）、『禅の道』（二〇〇二年）、『永平広録を読む』（以上、大法輪閣、二〇一〇年）、『禅とは何か』（誠信書房、二〇〇三年）、『禅談』（ちくま文庫、二〇一八年）

＊絶望的な前半生から悟りへ

酒井雄哉

（さかい・ゆうさい）

天台宗僧侶

一九二六（大正十五）年、大阪府生まれ。戦後、縁あって比叡山の小寺文顕師に師事、一九六五（昭和四十）年に得度。約七年かけて約四万キロを歩く荒行「千日回峰行」を一九八〇年、八七年の二度満行した。二〇一三（平成二十五）年死去。八十七歳。

【死を語る言葉】

お母さんから、命をいただいた、ということは、仏さまの世界から見たら人生に借りができたんだからね。いま生きている人は、いままさに大事なものをいただいているんだよ。いろんなできごとがあって、喜んだり悲しんだりできるのは、生きているからこそ。生きる力の恵みを授かったんだからね。それが毎日生きているのが当たり前になっちゃうと、感謝の気持ちを忘れておかしくなってくるんだよな。

大事なことは、せっかくいただいた命をいかにして生きるか、ということでしょ。決して生きることを放棄することなく、どんな苦難があっても切り抜けていかなくちゃならない。そして、ひとつでもいいから世の中に対していいことをして、自分の人生にお返ししていきましょうということだな。「一日が一生」の気持ちで、一日一日、新しい人生を感じながら歩いていけばいい。

ものごと始まったことはいつか終わる。自分の命もいつかは死を迎える。そのときま

で、生きられるだけ精一杯生きることでしょうな。（中略）
いつも動いていて、すべてがつねに変わっている。諸行無常なんですな。いまこうしてしゃべっていても、「あ」といった瞬間に過去になっていく。そんなものだから、いろんなことをあまり考え過ぎてもしょうがないんとちがうの。いま自分が幸せだなあと思ったら幸せだしね。だけども、自分は幸せはどこかよそのところにあるんだと思って目の前を見ずにいたら、単純に幸せだなあと思っている人からみたら不幸かもわかんないよ。

この瞬間の、目の前のものをありのままの姿で見なさいってこと。仏さまは言っているし、「いま」「ここ」にいる、という以外に何もありませんよってことだね。
いま死ぬかもしれないんだもの。過去は変えられないし、先はわからない。なるようにしかならない、死ぬ瞬間まで「いま」「ここ」を大切にして、いよいよ死ぬってときになったら、取り乱さないで、ああ来たんだなあと思いなさいってことだよな。

（『続・一日一生』）

太平洋戦争の終戦を、志願した予科練特攻隊基地・鹿児島鹿屋《かのや》でむかえる。特攻隊の仲間が次々に命を落とすなかでの終戦。その後は、東京や大阪で大学図書館員、株屋、ラーメン店、セールスマンなど職を転々とする。結婚して家庭を持つが、その二ヵ月後に妻が自殺。時に酒井は三十三歳。はかりしれない無常を味わった酒井は、比叡山へ向かい、得度した後、天台宗の叡山学院で学び、首席で卒業。一九七三（昭和四十八）年に、死者がでたほどの厳しさのため明治以来禁じられていた九十日間歩き続ける常行堂での修行「常行三昧」を四十三歳で挑み、一九八〇年十月、五十四歳で荒行「千日回峰行」を満行。すぐに再度の回峰行に挑み、六十一歳で八七年に満行。

「千日回峰行」の修行を、こう語っている。

〈山を歩くというのは「動」＝「生」の世界で、帰ってきてから明日の準備をするのは「静」＝「死」の世界なんだな。（中略）静の時間は、明日生まれ変わるための準備の時間。今日失敗したら今日中に整理して次の日にちゃんとできるように今日一日を大切にする。それが明日に通じることになる。今日一日を一生懸命やらなければ明日もないということ。〉

（『続・一日一生』）

（須藤隆）

『続・一日一生』（朝日新聞出版、2014年）

◉著書など

『一日一生』（二〇〇八年）、『この世で大切なものってなんですか』（二〇一一年）、『一日一生　続』（二〇一四年、以上、朝日新聞出版）、『あなたには幸せになる力がある』（二〇一三年）、『がんばらなくていいんだよ』（二〇一三年）、『人の心は歩く早さがちょうどいい』（二〇一〇年、以上、PHP研究所）、『いのち輝く癒しの言葉阿闍梨問答集』（日本文芸社、二〇一一年）、『自分の「ものさし」で生きなさい』（日経BP社、二〇一四年）

＊「自然」に備わった慈悲心を信じる

今西錦司（いまにし・きんじ）

生態学・文化人類学

一九〇二（明治三十五）年、京都・西陣生まれ。一九五九（昭和三十四）年、京都大学教授。岡山大学教授、岐阜大学学長などを歴任。一九九二（平成四）年、死去。九十歳。

【死を語る言葉】

――核戦争になれば当然、人類は全滅ですね。

今西　全部は死にません。僕はそこに大変信頼というか、自信持ってんです。必ず生き残る。それはおれらの子孫が生き残るかどうか知らんけどね。アフリカや、オーストラリアに、どこかにおるやつが生きるよ。人類全部滅ぼそうと思うている者はだれもおらへんのや。それが戦争目的と違うねん。戦争目的はほかにあって、それに対する手段として武器を使うんや。核兵器が使われても、地下に隠れてたやつは生きてるしな。まあ、ノアの洪水のときでも、方舟に乗って逃げていってるやつがおる（笑）。皆殺しというもんはなかなかでけへんねん。もしも神、仏がこの世に存在するもんやったら、そんなむごいことはせんと思うね。

――先生のその楽観論はどこからでてくるのですか。

今西　それは、いまも言うたように、僕は何も神、仏を信仰しているわけやないけど、自然に備わった慈悲心を信じてるんでしょうな。そうでないと、三十五億年もかかって、いったい何してたんやと。むだなことしてたんかということになるわな。人間もここまできて、もう一遍やり直してもええしね。何ぼでも道はありますわ、全滅やない限りは。そやから、全滅しないということを信じてる人たちは、楽観主義者かもしらんけどね、楽観主義者はもっと多くいてもええんですよ。

（「「自然学」の提唱に寄せて」『自然学の展開』）

これまでも運がよくて遭難にいたらず、危うく死の一歩手前で命拾いした、なんて人もいっぱいおるやろ。虫の知らせいうか、奇妙にカンがきいて、命が助かったなんて例もあるわな。カンというものは、今の科学ではまだその正体が明らかにされておらん。しかし、どうやら多分に生存と密着した、本能に近いものであるような気がしますなあ。九死に一生をえたような登山も忘れがたいやろけど、ほんまによい登山だったと思うのは、遭難など起こりようのない、非のうちどころのない、すごくついていた日の登山といえるやろな。

（「山はぼくより偉大だった」同書）

その生涯

一九二五（大正十四）年、京都帝国大学農林生物学科に入学。一九三九（昭和十四）年、カゲロウの分布に関する生態学研究で理学博士の学位授与。ここから種によって棲む環境が異なると形態も異なり、同種の個体は種社会を形成するという「棲み分け理論」が生み出された。戦後は、ニホンザルなどの研究を進め、日本の霊長類研究の創始者として、一九五六年に愛知県・犬山の日本モンキーセンターを開設、五八年にはゴリラ調査隊長としてアフリカを調査。一九六一年から六四年には類人猿調査をアフリカで行う。一九五五年、『日本動物記』第二巻で毎日出版文化賞を受賞している。一九七九年、文化勲章受章。

エピソード等

今西錦司は、学者としての経歴とは別に、登山家として大きな足跡を残している。京都第一中学校時代には京都の山々から富士山、北アルプスを縦走している。大学時代には剣岳の初登攀、樺太・東北山脈を踏破している。一九三一年に京都学士山岳会を結成、三四年には京都帝大白頭山遠征隊を率いて冬期登山を決行、また三八年には内蒙古学術調査隊に参加している。戦後は五二年、日本山岳会マナスル登山の先発隊長としてネパール・ヒマラヤを踏破、五五年京大カラコルム・ヒンズークシ学術調査隊のカラコルム支隊長として氷河を調査している。一九七三年、日本山岳会会長に就任。
今西の登山は、その学問と不可分のもので、登山＝フィールドワークだったといえる。八十三歳で国内千五百登山を達成した。「眼が弱くなり、耳が遠くなり、足が遅くなって（中略）、それでもこの年になってなお山に登り続けているのは、おそらく山登り以外に、なすべきことを知らぬ」（『自然学の提唱』）といって、亡くなる前年の八十五歳でも山に登っていた。

（森一高）

『自然学の展開』（講談社学術文庫、1990年）

◉著書など
『今西錦司全集』全十三巻・別巻（講談社、一九九三〜九四年）、『岐路に立つ自然と人類』（アーツアンドクラフツ、二〇一四年）

＊ガンと闘いながら人間の生き方を追及

岸本英夫（きしもと・ひでお）

宗教学

一九〇三（明治三十六）年、兵庫県明石市出身。宗教学者の岸本能武太の次男として生まれる。第六高等学校（旧制）を経て東京帝国大学文学部宗教学科を卒業。一九四七（昭和二十二）年、東大文学部宗教学教授。一九六四年、死去。六十歳。

【死を語る言葉】

生命飢餓状態に身をおいて考えてみると、平生は漠然と死の恐怖と考えていたことが、実は、二つの異なった要素を含んでいることがあきらかになる。その一つは、死そのものではなく、死にいたる人間の肉体の苦痛であり、他は、生命が断ちきられるということ、すなわち、死そのものに対するおそれである。（中略）

しかし、これは、前山の高さに気をとられて、そのうしろにひかえている真の高山を見あやまる考え方である。肉体の苦痛はいかにはげしくとも、生命を断たれることに対する恐怖は、それよりももっと大きい。生命飢餓状態におかれれば、人間は、どうしても、どんな苦しみの下におかれても、生きていたいと思う。人間は、この状態では、いつでも、もっと生きていたいのである。ゴーリキーの描き出す「夜の宿」の売笑婦のように「いくら苦しくてもよいから、もっと生きたいの」というのが、人間の本音である。

（「わが生死観」『中学生までに読んでおきたい哲学　六』）

人間にとって何より恐ろしいのは、死によって、今持っている「この自分」の意識が、なくなってしまうということだからである。死の問題をつきつめて考えていって、それが「この、今意識している自分」が消滅することを意味するのだと気がついた時に、人間は、愕然とする。これは恐ろしい。何よりも恐ろしいことである。(「死後の生命」同書)

死を実体と考えるのは人間の錯覚である。死というものは、そのものが実体ではなくて、実体である生命がない場所であるというだけのことである。(中略)

死の暗闇が実体でないということは、理解は、何でもないようであるが、実は私には大発見であった。これを裏返していえば、人間に実際与えられているものは、現実の生命だけだということである。(中略)死というのは別の実体であって、これが生命におきかわるのではない。ただ単に、実体である生命がなくなるというだけのことである。

(「死は「別れのとき」」同書)

岸本英夫は、東京帝大卒業後、一九三一（昭和六）年から三年間ハーバード大学に留学。戦後、GHQの民間情報教育局の宗教行政顧問を務め、日本の宗教や文化についても言論活動する。一九四七年、東大文学部宗教学教授に昇進し、『宗教神秘主義の研究』で文学博士。国学院大学の日本文化研究所の創設にも尽力。一九五四年、スタンフォード大学客員教授として在米中に、左頸部のガンにおかされていることが分かる。以後、十年にわたる闘病生活で、数度にわたりガンの摘出手術を受け続ける。一九六〇年、東大附属図書館長に就任。同図書館の改革に努める。

岸本の遺稿である「わが生死観」によれば、岸本はガンとの闘いのなかで、生命に対する執着、死に対する恐怖を「生命飢餓状態」ととらえ、直接的で激しい死の脅威に対し、抵抗するための力になるようなものはないかと考えた。そして、自己の精神の実体験にもとづく次のような死生観を抱くにいたった。

「死を実体と考えるのは人間の錯覚であり、与えられた生命を最後までよく生きてゆくよりほか、人間にとって生きるべき生き方はない」。

この「わが生死観」は、一九六三年、哲学雑誌「理想」（理想社）に掲載された後、『死を見つめる心—ガンとたたかった十年間』（講談社、一九六四年）に収録された。一九六四年に、ガンの脳への転移により死去。

（須藤隆）

『中学生までに読んでおきたい哲学６　死をみつめて』（松田哲夫編、あすなろ書房、2012年）

◉著書など

『宗教と私たち　一、二』（三十書房、一九五九年）、『宗教現象の諸相』（一九七七年）、『世界の宗教』（一九八一年）、『宗教神秘主義』（一九八八年）、『宗教学』（以上、大明堂、一九八二年）、『死を見つめる心―ガンとたたかった十年間』（講談社、一九六四年）、『岸本英夫集』全六巻（渓声社、一九七六年）

宮本常一

（みやもと・つねいち）

民俗学

＊傍流でよく状況を見ていく

一九〇七（明治四十）年、山口県周防大島生まれ。大阪府天王寺師範学校（現・大阪教育大学）卒業。民俗学者。文学博士。武蔵野美術大学教授、日本観光文化研究所所長などを務める。一九八一（昭和五十六）年、死去。七十三歳。

【死を語る言葉】

祖父がねようと思って、便所へ行くために縁へ出ると祖母がうつぶしている。声をかけても返事がない。ゆすぶっても動かない。そこで母をよんだ。母がいって見ると、もうこときれていた。嫁に手をやかせず、自分もくるしまずに死んだのだからこれほどしあわせはないといって村人からは徳人といってうらやましがられた。（『忘れられた日本人』）

しかし、死にあたってはいく分かの金をのこしておくのがこのあたりでのしきたりである。シボジの金とか、死に金とかいっている。葬式をする費用は自分がもつのである。その金すら祖母はもっていなかった。まずしさがそうさせたのではない。後のものがキチンと葬式をさしてくれることがわかっていたからである。

それからの祖父はよく村の中ほどにある地ぞうさまのまえで拝んでいた。何を祈るかと人にきかれると「わしもばいさァのようにポックリと死にたいで、それを願うちょるのじゃ」といっていた。

祖母が死んでから祖父は五年あまり生きた。そして死ぬるまで働きつづけた。話し相手がなくなってからは民謡をうたうのが唯一のたのしみだったようである。（同書）

祖父が死んでから盆踊りがみだれはじめた。あたらしいものにきりかえようとしたこともあったがうまくいかなかった。その豊富な昔話も私は十分にうけつがなかった。世間話はあまり持たぬ人だったが、その生涯がそのまま民話といっていいような人であった。（同書）

父からよく言われたことは「先をいそぐことはない、あとからゆっくりついていけ、それでも人の見のこしたことは多く、やらねばならぬ仕事が一番多い」ということであった。後年渋沢敬三先生からそのことについて、実践的に教えられることになる。

（『民俗学の旅』）

その生涯と死生観

徹底したフィールドワークによる「宮本民俗学」で知られる著者は、自伝的著作『民俗学の旅』や、古老たちの聞き書き『忘れられた日本人』で、その鋭い観察眼を父母や祖父母に向け、伝承者としての自己形成における影響を詳らかにしている。旅を師に、出会った人々の伝聞を蓄積した父の教え、家に旅人を泊める慣習を守りつづけた母の日記に見る生活誌の原点、祖父を信頼し思うままに生きた祖母、そして労働歌、童謡、民話を通し、動物と人間が共生する世界を感化してくれた祖父。とくに祖父母の死は、郷里のしきたりを改めて認識し、世の流れに伴う変化を感受する契機となった。ヘソクリひとつ残さなかった祖母の急逝後、祖父は自分も「ポックリ」逝けるよう地蔵に拝み、それでも死ぬまで朝晩働き、口説きの名手として盆踊りの稽古をした夜に倒れ、そのまま意識が戻らなかった。平凡だが忘れがたい、民話そのままの祖父の生涯は、著者の死生観の原点となっただろう。著者もまた死の前まで、集大成となるべき著作『日本文化の形成』執筆に力を尽くした。

功績・エピソード等

前頁引用末尾は、著者が十六歳（一九二三年）のとき、叔父を頼って大阪に出るさい父に告げられ、その後なんども繰り返されたことばである。著者はこれを生涯携えた。とくに後年、恩師である渋沢敬三に「大事なことは主流にならぬことだ。傍流でよく状況を見ていくことだ。舞台で主役をつとめていると、多くのものを見落としてしまう。その見落とされたものの中に大事なものがある。それを見つけてゆくことだ」と同様に諭されたことで、著者の実践活動の支柱となったばかりか、生きていく指針となったのではないか。

（中里勇太）

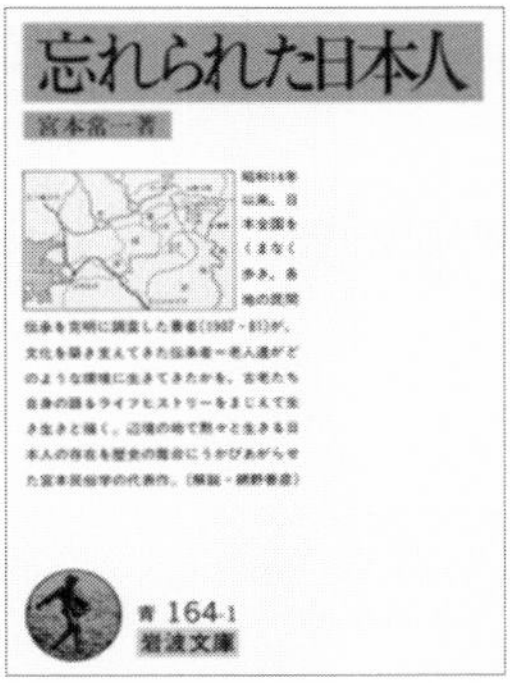

『忘れられた日本人』（未來社、1960年、のちに岩波文庫）

●著書など
『宮本常一著作集（五十二巻）』（未來社、一九六七—二〇二一年）、『民俗学の旅』（文藝春秋、一九七八年、後に講談社学術文庫）、『日本文化の形成』（そしえて、一九八一年、のちに講談社学術文庫）

＊寿命じゃない、了見、覚悟で生きる

暉峻康隆

（てるおか・やすたか）

国文学

一九〇八（明治四十一）年、鹿児島に生まれる。早稲田大学国文科卒業後、真山青果のもとで井原西鶴研究の助手を務める。早稲田大学教授のかたわら、落語や好色文芸に関する著作も数多く手がけた。二〇〇一（平成十三）年、死去。九十三歳。

【死を語る言葉】

ぼくの親父は九〇で死んだの。倒れたらその日から何も飲まない、何も食わない。薬も口に入れてやると吐き出すのよ。それを二週間ぐらい。枯れ木のようになって死んだ。これは尊厳死だね。自分の意志をはっきり示したんだから。〝もうおしまいにしたい〟と親父は言ってるんだと、おれ思ったよ

（中略）

だから何を口に持っていっても吐き出す。食べなきゃ体力落ちるとまわりは心配するんだけど。

ぼくが尊厳死協会に入ったのも、そういう親父の死に目を知ってるからだ。でも近ごろの医者はひどいぜ。息があるうちは生かさにゃならんと、変なモラル振りかざしてなあ。

（中略）

要するにほとんどの日本人は、出世と給料しか頭にない。たまに定年後の話題が出ても、老後の安定ぐらい。あんたら、そんなことでほんとにいいのかあ。しっかりしないと、子供にも孫にもいずれ軽蔑される。嫁さんには疎外される、あげくのはては老人ホーム。これが会社で重役とかやった人の末路だ。それは会社の仕事だけで、ほかの準備をしなかったということだ。

（中略）

寿命じゃない、了見、覚悟で生きるんだ。生きる意思を持たない限りだめだ。だからおれはね、きんさん、ぎんさんみたいなのは賛成しないんだよ。目的ないもん。ただ生きているというのは意味ない。そう思わない？　〃何とかなるさ〃、そういう甘えを捨てなければ新しい人生はない。わかる？　自分で切り開くしかないの、有意義な楽しい老後は。わかった？

（中略）

おれねえ、年をとるほど反宗教的になってくの。宗教が必要なのは、煩悩真っ盛りの青壮年だよ。自分の結婚相手も選べなくて教祖様にお願いするなんて。猿が笑ってるだろうよ。おれ、家族に言ってあるんだ。葬式するな。献体するけど心配するな、と。

（「サライ」小学館、一九九二年）

生涯と死生観

高度経済成長初期の一九五〇年代末に、女子学生の増加を論じた「女子大生亡国論」で、記憶に残る暉峻は、豪放磊落な人柄で知られていた。西鶴を中心に、蕪村、芭蕉、そして落語と、ひろく近世文学を渉猟し、博覧強記の人であった。江戸庶民のバイタリティ、その現世肯定の生活感情を、そのまま高度経済期の「昭和元禄」の日本に当て嵌めて、国文学という閉鎖的な領域を打ち破るかのように、一般に向け、愛と性、笑いを論じ、快楽肯定の書籍を多数手がけている。これは、その死生観でも同様であり、現実肯定、快楽肯定が、ただ俗世に流されるものではなく、生死に対する潔さから来ることを論じ、九十三年の天寿を全うした。

功績・エピソード等

小沢昭一らによって、初の「落語研究会」が早稲田大学のサークルとして結成された際、その初代顧問となったのが、暉峻である。「てるおかやすたか」名義で出された好色文芸、落語に関するエッセイも多数ものにし、「桐雨」の俳号を持つ俳人としても知られ、一九九六（平成八）年には、第八回現代俳句大賞を受賞している。性愛、笑い、金儲けといった欲望を肯定し、また酒豪としても知られた暉峻だが、明治生まれの一本筋の通った生き方と学問は、快楽肯定の戦後社会に呑み込まれるように見えながら、むしろ反骨の人、反時代的な生涯であったともいえる。

（滑川英達）

『幽霊　冥土・いん・じゃぱん』（岩波書店、同時代ライブラリー、1997年）

◉著書など
『落語藝談　文楽・正藏・円生・小さん』（小学館ライブラリー、一九九八年）、『桐雨句集』（小学館スクウェア、二〇〇三年）

*文字を究めて命の根源に迫る

白川静

（しらかわ・しずか）

漢字研究

一九一〇（明治四十三）年、福井県福井市の生まれ。一九四三（昭和十八）年、立命館大学法文学部漢文学科卒業、五四年、同大学文学部教授。一九七〇年、初の一般書『漢字』を刊行。八四年より『字統』『字訓』『字通』を刊行。二〇〇六（平成十八）年、死去。九十六歳。

【死を語る言葉】

生命の根源が何であるかについては、今の生命科学でも明らかでない。古代の中国人は、天地の間に充つる気は、すなわち天地の息吹きであり、同時に人の息吹きであり、あの雲となびき、風となって吹きめぐるものが、すなわち天地の生命の姿であると観じた。それで最も重大なことは、この宇宙の根源である気に祈ることにした。その行為を「乞ふ」という。古い字形では「气（気）」と「乞」とは同じ字であった。气を動詞化した字が乞であり、气と乞とは名詞と動詞との関係にある。（中略）

人だけがことばをもち、時間をもち、歴史に生きることができる。先天的な特殊な機能においては、万物はみなそれぞれ霊妙な力をもつ。数千メートルの高さを、数千キロにわたって飛翔する能力、水の中でも数万の小魚が、瞬時にしてみせる体形の変化、その他生きるための精妙を極めた智慧、種族保存の方法など、みな神わざならぬものはない。これらはみな、神が与えたものにちがいない。しかし神がそれを与えるのは、こちらから「乞う」たからである。求めてしかしてのちに与えられたものである。求めて、しかしてのちに与えられたもの、これを「命」という。命とは、神に祈ることによって与えられたことをいい、命とはもと神の命ずるところをいう。

（「生命」『桂東雑記Ⅳ』）

生とは草木が自然に生成し発展する姿で、その繁茂するさまをいう。生あるものは、すべて自己の種の保存と繁栄のために、殆んど天与の才能と、自己犠牲に徹する生きかたをしている。その意味において最も怠慢な者は、自然を制御し、支配することもできるという傲慢の思いをもつ、現代の人々であろう。生が外ならぬ命によって絶対的に規定されているという、存在の本質的な構造を無視して、恣意的な生活が可能であるとするのは、現代の人々の一の妄想にすぎない。

自然の秩序はあらゆる生物の世界に及んでおり、そこに大調和の世界がある。人間の思考の方法は精彩を極めているが、それはこの大調和の世界から決して逸出しうるものではない。

（「人間の命」同書）

その生涯

洋服商の次男として生まれる。小学校卒業後、大阪の法律事務所で働きながら夜学へ通う。一九五五（昭和三十）年『甲骨金文学論叢』を、一九六〇年『稿本詩経研究』を、謄写版印刷で発表。一九七〇年『漢字』を刊行後、『詩経』『全文の世界』『孔子伝』などを刊行。一九八四年『字統』を刊行し、毎日出版文化賞特別賞受賞。続いて『字訓』、『字通』を刊行。一九九八（平成十）年より『白川静著作集』刊行開始。二〇〇四年、文化勲章受章。

白川は、しばしば「殀壽貳《ようじゅたが》わず、身を修めて以て之を俟つ。命を立つる所以なり」（『孟子』尽心章）という言葉を引用し、命は、所与的なものでなく、自己の行為を媒介として自覚されるものだと説いている。

功績・エピソード等

数万片の甲骨文資料をすべてトレースするという、基礎作業により、漢字の原義を調べ、甲骨文字・金文といった漢字の成り立ちの様々な背景を字形の分析によって解明した。

また、独自の学説は、長い間、漢字研究の聖典だった『説文解字』の誤りを指摘。辞書三部作（『字統』『字訓』『字通』）は、六十余年にわたる漢字研究の成果であり、豊かな漢字文化の世界を世の中に理解せしめ、今後の漢字表現の可能性を提示した。

（須藤隆）

『桂東雑記Ⅳ』（平凡社、2006年）

●著書など
『漢字』（岩波新書、一九七〇年）、『詩経』（中公新書、一九七〇年）、『孔子伝』（中央公論社、一九七二年）、『金文の世界』（以下、平凡社、一九七一年）、『字統』（一九八四年）、『字訓』（一九八七年）、『字通』（一九九六年）、『白川静著作集』全十二巻（一九九九―二〇〇〇年）、『白川静著作集別巻』全二十三巻（二〇〇一～一九年）、『桂東雑記（全五巻、拾遺）』（二〇〇三～一〇年）

＊死は生の友にさえ変貌する

神谷美恵子

（かみや・みえこ）

精神医学

一九一四（大正三）年岡山生まれ。津田英学塾を卒業後、コロンビア大学に留学。その後東京女子医専を卒業、同年東京大学医学部精神科に入局。大阪大学医学部神経科を経て、一九五七（昭和三十二）年から七二年まで長島愛生園精神科勤務。津田塾大学教授、医学博士。一九七九年に死去。六十五歳。

【死を語る言葉】

生きがい喪失の苦悩を経たひとは、少なくとも一度は皆の住む平和な現実の世界から外へはじき出されたひとであった。虚無と死の世界から人生および自分を眺めてみたことがあったひとである。いま、もしそのひとが新しい生きがいを発見することによって、新しい世界をみいだしたとするならば、そこにひとつの新しい視点がある。それだけでも人生が、以前よりもほりが深くみえてくるであろう。もはや彼は簡単にものの感覚的な表面だけをみることはしないであろう。ほほえみのかげに潜む苦悩の涙を感じとる眼、ていさいのいいことばの裏にあるへつらいや虚栄心を見やぶる眼、虚勢をはろうとする自分をこっけいだと見る眼——そうした心の眼はすべて、いわゆる現実の世界から一歩遠のいたところに身をおく者の眼である。

（『神谷美恵子コレクション　生きがいについて』）

人間は昔から死をおそれてきた。その恐怖と嫌悪の感情が認識の眼をくもらせ、さまざまの迷信や終末論を生んできた。少なくとも歴史的にみて、原始的な宗教の起源の一つはそこにあろう。否、高等とよばれる宗教さえ、死についていまだに、明晰に考えることはできなかったように思う。

しかし、死についてよく考えないでおいて、どうして生命の尊さや生きがいについて語ることができよう。万人の底にわだかまっている漠たる不安も、その大きな部分は死への不安かもしれないのだ。

死に直面し、あわてない人はあまりいないであろう。しかし波だつ心をしずめて、ゆっくりこれを眺めれば、やがて、死は生の友にさえ変貌してくる。

死をほんとうに自分の生の中にとりこんだ人は、かえってたいへん明るいのだ。べつに高僧といわれるような人でなくとも、こういう人のあることを私は知っている。

（『神谷美恵子コレクション　人間をみつめて』）

その生涯と死生観

長島愛生園のハンセン病患者たちと密接な関係を築くなか、かれらの「生きがい喪失」に触れた著者は、ひとり考察をつづけ、数年ののち「生きがいについて」という本にまとめる。後年、「生きがい」に執心した理由を回顧し、二十二歳で患った肺結核の療養において、「なぜ生きているのか」という問いに直面したことをあげている。そのとき著者の支えになったのが古代ローマの「哲人君主」マルクス・アウレリウスだった。哲学者を志しながらも叶わず、皇帝としての立場を忘れたかのように書かれた日記を通じ、著者は、肩書きや地位、社会的役割から窺い知れない「一個の人間」という存在の別側面を知る。それは著者が生涯に渡り考察しつづけた「生きがい」の基底となる問いであり、原点になった。

功績・エピソード等

肺結核を患い、死という現実に直面してもなお生きがいを見出すことができる、著者は自らの経験を原点に、それはどういうことか？　と問いつづけた。「自分の人生に意味はあるのか」、その価値を判断するのは自分でも他人でもない。では「生きる意味」といった有用性の観点からは計り知れないその存在を、なににゆだねるのか。著者は医者として数多くの屍体解剖に立ち会い、人間の肉体が死せば物質へかえることを直視したうえで、生命あるものもないものも、みな宇宙的な配列のなかに存在し、人間をこえたものがその生を支えていると考察し、死もまた同様に支えられていると考えた。人間は死せば、大地にかえり、物質として宇宙に散らばる。では「一個の人間」がもつ裸形の精神とは？　著者は「生きがい」を思考することを通じ、その裸形の精神へ透徹したラディカルな眼差しを向けつづけた。

（中里勇太）

『神谷美恵子コレクション（全五巻）』（みすず書房、2004—05年）

◉著書など
『ケアへのまなざし』（二〇一三年）、『神谷美恵子著作集（全十巻、補巻二、別巻一）』（以上、みすず書房、一九八〇—八五年）など。訳書も多数

＊人の死こそ最後で最高のハレ

鶴見和子

（つるみ・かずこ）

社会学

一九一八（大正七）年生まれ。津田英学塾卒業後、一九四一（昭和十六）年ヴァッサー大学で哲学修士号を取得。一九六六年プリンストン大学で社会学博士号を取得。上智大学名誉教授。比較社会学専攻。九五（平成七）年自宅にて脳出血に倒れ、左片麻痺となる。二〇〇六年、死去。八十八歳。

【死を語る言葉】

曼荼羅というものは、ひとつの空間に複数のものが存在する、そのことを曼荼羅という。もしもひとつの空間に単一のものしか存在していなかったら、それは曼荼羅ではない。同じでしょう。生物の種類が多いほど地球は安泰である。文明は安泰であるということと、複数の思想、価値観、考え方、生き方、なんでもいいんです。私の言葉でいうと、異なるものが異なるままに共に生きる道を探求する、それが曼荼羅の思想だと思うんです。

エコロジーというのは、近代科学の中でも先端科学です。非常に新しい科学です。それが到達した仮説と古代思想とがまったく一致するということに驚いたんです。だから私たちは、日本のなかの思想にこういう普遍的な考え方があって、古代に芽生えたけれども、近代の科学によって証明されている、それらの思想が一致するということに、もっと自信をもちたいと思います。曼荼羅の思想は、相手が気に入らないから殺しちゃう、排除しちゃうというんじゃないんです。いくら相手が気に入らない、私と違う意見をもっている、違う思想をもっている、それでも話しあい、つきあうことによって補いあうことができる、助けあうことができる、そういうゆったりした思想なんです。ところがいま、世界中を支配しているのは、自分がもっている文明がもっともいいのだ。これと違うものは排除する、殺しちゃう、破壊しちゃうという思想です。そうすればその文明自身も弱くなる。そういう教訓なんです。

私は、わが去りしのちの世に残す言葉として、九条を守ってください、曼荼羅のもっている知恵をよく考えてください。この二つのことを申し上げて、終わりたいと思います。

（『遺言』）

ハレとケというけれども、人間が死ぬということが最後で最高のハレだと思う。

（『言葉果つるところ　鶴見和子・対話まんだら　石牟礼道子の巻』）

その生涯と死生観

一九四六（昭和二十一）年、弟の鶴見俊輔や丸山眞男らと雑誌『思想の科学』を創刊、創刊号にデューイ論を執筆。デューイ哲学に影響を受けるなか、カナダの日系移民社会の調査や、綴方教育を基にした生活記録運動に参加。その後、柳田國男、南方熊楠の研究を通し、独自概念である「内発的発展」を思考。七六年から八三年にかけて水俣の実地調査に参加、水俣病患者と交流し、自己の学問を再考する機会に直面、「人間は自然の完全な一部である、したがって、人間が自然を破壊することによって人間は人間自身を破壊している」と省察。死後に刊行された『遺言——斃《たお》れてのち元《はじ》まる』には、死までの二ヵ月間、著者を看取った妹が記した病床日誌も収められている。

功績・エピソード等

水俣に深く関わるなか、自然と人間との再生運動の基礎にアニミズムの自然観があると考えた著者は、柳田國男の『遠野物語』を、明治近代国家に殺される以前のアニミズムが通底する世界と読み解く。その特徴として、自然と人間の互酬関係、自然と交感し、交流できるとする信念、死者の魂と生者との交通をあげ、それらを水俣再生運動にも見出す。また水俣、遠野に加え、南方熊楠がエコロジーという言葉を掲げて生涯賭けて抗った神社合祀令、著者が石牟礼道子の著作から学んだ島原の乱を含めて、みな広義の公害問題として考察。生態系の全体的保全により多様な生物の相互補完と循環構造を保つエコロジーと、アニミズムを結びつけると同時に、ひとつの空間に異なるものが共生する曼荼羅をモデルとして考え、あらゆる生物にとって「暴力のより少ない科学・技術」への道行きを提唱した。

（中里勇太）

『遺言　斃れてのち元まる』（藤原書店、2007年）

◉著書など

『コレクション鶴見和子曼荼羅（全九巻）』（一九九七—九九年）、歌集『回生』（二〇〇一年、以上、藤原書店）、『内発的発展論の展開』（筑摩書房、一九九六年）『言葉果つるところ　鶴見和子・対話まんだら　石牟礼道子の巻』（藤原書店、二〇〇二年）

学者

*快楽としての生と知を探究

多田道太郎（ただ・みちたろう）

フランス文学・評論家

一九二四（大正十三）年、京都生まれ。京都大学卒業。長く母校の教授を務めた。専門のフランス文学の他、大衆文化、日本人論等、幅広く評論活動を行った。二〇〇七（平成十九）年、死去。八十三歳。

【死を語る言葉】

ま、そもそも心中というのは聖者に変化するための祈誓であり神への誓いなんですね。同時に、自分は罪人であるという告白でもある。矛盾したものが共存する。聖者と罪人は正反対だけれども、その間を二人は行き交う。行き交う魂の過程が道行であって、道行に爆発するように、神秘なもの、象徴としての人魂、火の玉が現れる（人魂のイメージについては、水木しげる『幽霊画談』一九九四年、岩波書店、参照）。

聖者と罪人の間を行き来している二人の、これは相互の関係の表現であると思うのです。

（『変身　放火論』）

観光客はあまり行かないけれど、京の西、山陰から京へ入る口に老の坂という坂がある。「老の坂、西に去る備中の道、鞭をあげて東を指せば……敵は本能寺」の老の坂である。すばらしい緑にめぐまれ、夏なお暗く、京でわたしの一ばん好きなところだ。

老の坂にたって歳の推移をかんじるのは悪くない。しかしなにも、大勢に順応して西に去ることはない。なぜ、決然と鞭をあげて東を指し、本能寺へ向わないのか。時に明智光秀は五十五歳であった。

（『多田道太郎著作集　4　日本の美意識』）

家というのは、その人の人生の舞台なんです。ところがいつの間にか日本の家では、結婚式もお葬式もしなくなってしまった。結婚式はホテル、葬式は葬儀社がもっぱら仕切る。家は溶解しつつあるんです。

しかし〝やはり家で死んで、家で葬式を出してほしいなあ〟、そう思う人は、自分の家はどういう形であってほしいか、自分の人生を終える部屋はどこにするのか、無関心ではいられなくなる。そこが家作りの基本だと思う。生きて成長することしか考えていない家は、結局ホテルのように空洞化していくと思うな。

年寄りはもっと〝死〟を楽しんだらいいんですよ。自分が死ぬことを絶えず念頭に置いて年老いる。そのほうが絶対楽しい。

（「サライ」小学館、一九九二年）

その生涯と死生観

ボードレール学者としても著名だが、特筆すべきは、ロジェ・カイヨワの『遊びと人間 増補改訂版』の翻訳だろう（講談社、一九七一年、のちに講談社学術文庫、一九九〇年）。「遊び」「しぐさ」「味覚」といった、学問の対象として未だ不成立であった領域をいち早く開拓した。旺盛な好奇心と繊細な感覚、大胆な発想を併せ持つ脱領域的知性を、エピキュリアンの思想と呼んでも間違いではあるまい。サルトルを翻訳し、『関西』と題した安田武との対談では谷崎潤一郎論を語り、大杉栄を論じ、辞典を編纂する（『クラウン仏和辞典』毎日出版文化賞受賞）。死に関しては、代表作ともいえる『変身 放火論』（伊藤整文学賞）で、芝居の道行を論じる。虚構のなかの死である。「未だ生を知らず、いずくんぞ死を知らん」――多田の生涯を思うとき、その死生観はこの論語の一節に集約されるようだ。ただし、あくまで快楽としての生と知の探究者としてだが。そして「死」を見つめることも、一種の快楽であり、好奇心の対象なのだ。

功績

多田の遺した著作のタイトルを並べてゆくと、目の眩む感がある。『複製芸術論』『管理社会の影』『遊びと日本人』『風俗学　路上の思考』『自分学』『からだの日本文化』『多田道太郎句集』……。その横断的知性はベンヤミンを思わせるが、最も感性的に近い思想家を挙げるなら、やはり多田も論じた九鬼周造だろう。九鬼はその在仏中、サルトルに現象学を教えたという伝説があるが、そのサルトルの翻訳者でもあった多田の、大阪・枚方市の香里団地の住まいを、サルトルとボーヴォワールは一九六六（昭和四十一）年の来日時に訪れている。多田の溢れる好奇心の源には、人間の生の限りない神秘性に関する認識があったのだろう。この生の神秘の探究に一生を使い切ったのが多田の一生である。その一端は、主要著作を収めた『多田道太郎著作集』全六巻で、我々にも接することができる。

（滑川英達）

『変身 放火論』（講談社、1998年）

●著書など
『多田道太郎著作集』（筑摩書房、一九九四年）、『しぐさの日本文化』（二〇一四年）、『複製芸術論』（以上、講談社学術文庫、一九八五年）

*「何を殺し、何を切り捨ててきたか」を考える

網野善彦

（あみの・よしひこ）

歴史学

一九二八（昭和三）年、山梨県生まれ。東京大学文学部史学科卒業。都立北園高校教諭、名古屋大学助教授、神奈川大学特任教授などを歴任。専攻は日本中世史、日本海民史。二〇〇四（平成十六）年に死去。七十六歳。

【死を語る言葉】

自然と人間の関係の持つ深刻な矛盾を、宮崎さんはアニメーションであるが故に可能な手法で、思い切って問題提起されたのだと思います。映画の最後で「生きる」ということに触れておられますが、「生きる」ことは、何かを殺すことでもある。そういう意味で、人間が背負っていかなければならない問題を、正面からつきつけている映画だという印象を受けました。

人間の歴史は後戻りはできません。とにかく前に進むためには自然からさまざまなものを獲得し、そのために何かを殺し、犠牲にして人間は生きてきたわけです。そうすれば人間はますます豊かになり、すべてうまくいくということにこれまではほとんど疑いをもたなかった。しかしその結果として、自然からの復讐をうけはじめているいま、われわれはそうした生き方を根本から反省せざるを得なくなっている。

これまで生きて前進してきた過程で、自分たちが一体、何を殺し、何を切り捨ててき

たのかということを真剣に考えなければならなくなっているわけです。しかし自然はそんなにヤワなものではありませんから、殺しても殺しても生き返る強靭な生命力を持っている。人間自身もそれは同じだというのがこの映画の「結論」なのではないでしょうか。

（『歴史と出会う』）

つまり、私自身もそう思っていた時期が長くあったのですが、自然を開発し、生産力を発展させることが、社会を「進歩」させることになるという、我々自身が最初から疑うことのなかった歴史学の「自明な前提」、人間が努力をすれば世の中は進歩するという「単純な確信」、これはダーウィニズム以来の、近代の学問の根本にある前提ではないかと思いますが、それ自体が基本的に揺るぎ始め、現在にいたっては、こうした見方が根本から崩れつつある、と言ってよいと思います。

（「戦後歴史学の50年」『網野善彦著作集　第十八巻』）

その生涯と死生観

歴史学と民俗学をむすびつけた「網野史学」と呼ばれる、独自の学際的研究を行った著者。前頁は、映画「もののけ姫」のパンフレットに寄せたコメントからの引用であり、室町時代を舞台に設定した映画を評しながら、著者の現代的な死生観が照射されている。また同コメントの終盤で、自然と人間との関係が深刻な事態のいま、本当の人間らしい生き方は何かと問い、「これまでの程度の生き方ではわれわれ人間にはもはや救いがない」という強烈な想いを吐露している。監督の宮崎駿との対談では、古からの景観について、中世までの日本列島は「水」ばかりとし、いまの田んぼの多くが水の風景であり、入海や潟を埋めて水田にしたとして、その理由の一端を、富への欲が自然の恐ろしさを超えたと述べている。「これまでの程度」と見切ることは、通説を再検討する姿勢でもあるだろう。われわれが知っていると思いこんでいるものはいったいなんなのか、それは著者が歴史学者としての仕事のなかで、つねに疑問を呈してきたところでもある。

功績・エピソード等

前頁引用末尾の「根本から崩れ」る根拠として、人間は自然を開発した自らの力で、原爆をはじめ、人類自体を滅ぼす力をもってしまった事実を著者はあげている。同一方向に連続する進歩の果てに、自らを滅しうる可能性をもったいま、そこで人間は過去からなにを学び得るのか。その前の引用部の「何を殺し、何を切り捨て」たのかということも、自然や生命にのみ関するとは限らないのだろう。

（中里勇太）

『増補　無縁・公界・楽』（平凡社ライブラリー、1996年）

●著書など
『網野善彦著作集（全十八巻＋別巻）』（岩波書店、二〇〇七―〇九年）、『異形の王権』（平凡社、一九八六年）、『「日本」とは何か』（講談社、二〇〇〇年、のちに講談社学術文庫）、『歴史と出会う』（洋泉社新書y、二〇〇〇年）

*日本の他界観の原点と変遷を探り

大林太良
（おおばやし・たりょう）

民族学

一九二九（昭和四）年東京の生まれ。東京大学経済学部卒業後、フランクフルト大学、ウィーン大学、ハーヴァード大学で民族学を学ぶ。東京大学名誉教授。二〇〇一（平成十三）年死去。七十一歳。

【死を語る言葉】

ところで、海底の海神の宮は、このように魚類の主が住む豊穣の源泉であった。また浦の嶼子も、そこにとどまっていれば、老いもしない不死の国でもあった。ところが、いつの時からか、少なくとも中世からは、この竜宮城は死者の赴く他界であるという考えが出てきている。しかもそれは、さきほどの安徳天皇入水の『平家物語』の記事が示唆するように、竜宮は現世において恨みを抱いて没した人たちの集まる他界であった。

（『東と西　海と山』）

海底他界の観念は、今日でも残っている。水上勉によれば、若狭（福井県南西部）の漁師村和田の「釈迦浜の海底をもぐると、大きな穴があいていて、穴の奥には道があって、遠く信濃の善光寺までつづいている」という伝承がある。

（『東と西　海と山』）

フロベニウスが終始一貫して主張しつづけてきたことは、さまざまな葬法を、死者に対する二つの基本的な態度の表現とみることである。つまり、一方の極には死体の破壊、他方の極には死体の保存があり、それぞれが異なった系統のものであるということ、それから、人類が農耕を始めるようになって、今までの狩猟民文化の世界像において大きい比重を占めていた動物が後退して、人間が中心に現われ、しかも《死》という問題が彼らの世界像の中核に位するようになり、死者崇祀《マニズム》が発達したという考えである。これらの考え方は、その後の研究からみても、葬制の問題の本質をついたものと考えてさしつかえない。

(『葬制の起源』)

祖先崇拝にしても、シュミットによれば、イラン人、インド人、中国人、日本人、インドゲルマン語族、ポリネシア族、古代ペルー人、フィノ・ウゴル語族が主な分布地域である。つまり、この他界の幸不幸の基準の分布は、死者崇拝および祖先崇拝の主な分布地域とほぼ一致しているのである。死者崇拝や祖先崇拝を維持していた有力な観念的支柱の一つは、まさにこの他界観であったといってよい。

(『葬制の起源』)

その生涯と死生観

『日本神話の起源』をはじめ神話研究を主とする著者は、初期に『葬制の起源』という葬制と他界観に関する著作を著している。また『東と西 海と山』所収の「海と山に生きる人々」には、竜宮城が現世の異郷から死者の赴く他界へ変遷をとげたという興味深い考察がある。古来海人の信仰対象は役割ごとに分業化され、海の神として一本化されていないかわりに、海底異郷という共通観念があった。これがいわゆる竜宮城である。壇ノ浦の戦いで二位尼が「波の底にも都の候ぞ」と安徳天皇に告げるのは、その伝承の現れであるが、『源平盛衰記』や『後太平記』によれば、それ以後、竜宮城は恨み人が死後に集まる他界となった。死後に海底へ赴く海底他界観は、北陸中国地方に今も残るという。

功績・エピソード等

葬制から日本文化の起源に迫った『葬制の起源』において、著者は、生前の行動の善悪が死後の幸不幸を決定するという考え方が、日本人の道徳的感情につよく影響を及ぼしていると指摘。葬法と結びつけながら、仏教伝来以前の民衆的他界観を提示する。棺や櫃に入れた屍や火葬した骨を木に掛ける樹上葬と天上他界観の関連をはじめ、山中に墓を設ける地域における山上他界観では、山は霊魂がおもむくだけでなく、山の神は産神として、出産にも縁を持ち、海の果てに常世をもつ海上他界の観念は、舟葬と密に結びつくと考えられ、棺をフネということは、古代日本で行われた舟葬を物語る。また本書では葬法との関わりが詳らかでないが、黄泉国など地下他界観をもつ民衆の存在にも触れている。それぞれの他界観が、特定の地域にとどまらず、列島に広く分布するという指摘に加え、世界各地の事例と比較されており、この列島の多様性を考えさせられる。

（中里勇太）

『東と西　海と山』（小学館、1990年、のちに小学館ライブラリー）

◉著書など
『日本神話の起源』（一九六一年）、『葬制の起源』（一九六五年、以上、角川新書）、『銀河の道　虹の架け橋』（小学館、一九九九年）など、共編著も多数。アンソロジー『大林太良　人類史の再構成をめざして』後藤明編（アーツアンドクラフツ、二〇二二年）

＊人生の「はかなさ」の科学的確認

米山俊直（よねやま・としなお）

文化人類学

一九三〇（昭和五）年、奈良県生まれ。三重大学、京都大学で農政学、農業経済学を学び、一九五六年渡米。京都大学や民博の助教授を経て、京都大学教授。アフリカ農村を主なフィールドとしたが、日本社会、文化にも目を向け、ユニークな日本論を提唱した。二〇〇六（平成十八）年、死去。七十五歳。

【死を語る言葉】

日本人の死生観は、近代一〇〇年の科学主義の結果としてかなりゆれているが、後生への期待がまったく失われているのではない。科学主義がもたらしたのは、日本古来の伝統の強化なのかもしれない。すなわちこの世は仮の浮世であって、人の生命はかならず終わる。『万葉集』の「世の中はむなしきものと知るときしいよいよますますかなしかりけり」の心境は、中世・近世を通して伝えられ、科学主義によっていわばとどめを刺された。人生のはかなさの科学的確認である。それから逃れようとするさまざまの解釈があるけれども、いずれもこの長い伝統をくつがえして、新しい宗教を広げるにはいたっていない。キリスト教の死後のイメージなども、日本人にはお伽話と同類の効果しか与えていないのである。（「人の一生」『講座比較文化　四　日本人の生活』研究社、一九七六年）

太宰府での（菅原）道真の死は、当時の人々、ことに彼を西海へ追いやった人たちの周辺に、すくなからず動揺を与え、その波紋は都のなかにひろがっていった。

当時、異郷での死者はその郷里へ葬るのが慣例であった。道真はその慣例に反して、任地に葬るように遺言した。人々はそれを無気味に思い、彼の怨念がわざわいを起すのではないかという不安にとらわれた。非業の死をとげた人の怨念が、この世の人々にたたりをする、という考え方は、すでに以前からあった。（中略）おなじような考え方は、今日の日本においても俗信の分野ではけっして消滅していない。

（『天神祭』）

日本は一五七一年から無宗教になったんです。つまり、比叡山を織田信長が焼いた年です。（中略）比叡山が焼かれたことで、完全に神も仏もないと。そこから後、日本人は非常に合理的というか、現世的に実利的にものを考えるようになったと思う。

（「サライ」小学館、一九九一年）

その生涯

米山の少年、青年期は、戦中戦後の混乱のためとも言い切れないほど錯綜している。東京出身で農村部の感化院の職員を父に持ち、小学校（国民学校初等科）卒業後、東京の自由学園男子部に入学。全寮制でのホームシックと、非常時に似合わぬ学風に悩み、盲腸と肺を病み、葉山の祖母の家に滞在後、帰郷、奈良で終戦を迎える。農学校に進学、学制改革で高等学校農業科となった学校を卒業後、三重大学農学部に進む。専攻を植物病理学か農政学かで悩み、結局後者を選ぶ。修士課程を京都大学で学び（農業経済学）、このころ今西錦司を中心とする研究会に参加、梅棹忠夫、川喜田二郎、加藤秀俊らと出会い、博士課程に進んだ後、休学、渡米して、イリノイ大学研究助手として人類学を専攻……。華々しい前半生ではあるが、紆余曲折している。こうした経歴が、幅広い視野を養ったのかもしれない。

功績

米山は文化人類学的方法論を、日本の都市と農村の研究に応用し、日本文化論において大きな成果をもたらした。現代日本人の死生観においても、その根底に古来より変化しないものを探り出し、論じることで、逆に、日本固有と考えられがちな日本人のエートスに、無文字文化を含めた世界の文化との共通性、普遍性を見出す。一方、日本の風土の生み出した独特の死生観を、両墓制等の葬制のなかに見る。しかし、こうした日本人の心性が現在、大きな変化を迎えていることにも冷静な目を向けた。一九九九(平成十一)年、紫綬褒章、二〇〇四年には瑞宝中綬章を受章した。

(滑川英達)

『天神祭』(中公新書、1979年)

◉著書など
『「日本」とは何か—文明の時間と文化の時間』(人文書院、二〇〇七年)、『クニオとクマグス』(河出書房新社、一九九五年)、『小盆地宇宙と日本文化』(岩波書店、一九八九年)

*病死の三つの類型

多田富雄（ただ・とみお）

免疫学・エッセイスト

一九三四（昭和九）年、茨城県結城市の生まれ。千葉大学医学部卒業。一九六四年、医学博士、一九七一年には「サプレッサー（抑制）T細胞」の発見を国際免疫学会で発表。一九七四年、千葉大教授となる。一九七七年、東大医学部教授。二〇一〇（平成二十二）年、死去。七十六歳。

【死を語る言葉】

死線をさまよって生き返った身だ。死はもう怖くない。発作直後は、苦しさのために死ぬことばかり考えていた。今でも死を思わぬ日はない。（中略）

私は麻痺を除けば、体は頑強だ。阿鼻叫喚《あびきょうかん》の最後くらい覚悟している。でもこれまでの苦しさに比べれば、どんな苦痛にも耐える自信はある。私のような重度の障害者は、日常が苦痛の連続である。声を失った今は、叫ぶことさえできない。（中略）

どうやら、私は知らないうちに答えを見つけていたようだ。それは平凡だが「歩キ続ケテ果テニ熄《や》ム」というようなことらしい。私は物理的には歩けないが、気持ちは歩き続けている。白洲（正子）さんも西行も、結局同じところに理想の死を見つけたのではないか。体は利かないがこれならできる。もう少しだ、と思って。私はリハビリの杖を握り、パソコンのキーボードに向かう。そして明日死んでもいいと思っている。（『寡黙なる巨人』）

「餓鬼草紙」や「病草紙」に描かれているのは、おおむねこの時期の死を待つ人の群れである。中世の人は、それを死人と同格と感じ、亡者といった。

しかしそんな末期状態に、一気に至るわけではない。長い時間をかけて、じわじわと死は成熟するのだ。

人によって、精神的にはずっと以前から死を感知しているだろう。私の親友は、当時病名を医師から告知されなかったが、すでに死の覚悟を決めていたと思う。ある時より不安定だった情動は安定し、静かに遠くを眺めている目つきになった。死を待つ用意ができているらしかった。

その時期になると、彼の顔は憂愁を帯び、眉間には縦皺が寄った。それは甘美な恍惚の表情とも見えた。

このころになると、かすかにアーモンドのような甘い体臭がするようになり、私はそれを死の匂いだと気づいていた。この体臭は、同窓の友人の言う「悪液質」の匂いでもある。

病いによる死は、この三つの類型、「突然の死」、「受苦の果ての死」、「悪液質の死」のいずれかに入ると思われる。選択はできないが、覚悟くらいはできよう。

(『落葉隻語　ことばのかたみ』)

青年時代は詩作に没頭し、「友人と同人誌を作っては潰し」ていたという。千葉大医学部在学中に、安藤元雄、江藤淳らと詩の同人雑誌に参加、「医学にも二股かけていた」が、三十歳を過ぎて、本業の医学に専念するようになった。また能に造詣が深く、後年になって脳死の人を主題とした謡曲『無名の異』や広島原爆を主題とした「原爆忌」などを発表している。

二〇〇一（平成十三）年、六十七歳のとき、滞在先の金沢で脳梗塞になった。「半身不随になって、（略）重い車椅子に体を任せて。言葉を失い、（略）生きている。／一時は死を覚悟していたのに、いま私を覆っているのは、確実な生の感覚である。（略）なぜ？　それは生きてしまったから、助かったからには、としかいいようはない」（『寡黙なる巨人』）。障害を抱えながら執筆活動を続け、二〇〇六年にはリハビリ診療報酬改定撤回を求める運動を展開、二〇〇七年に「自然科学とリベラル・アーツを統合する会（INSIA）」を設立し代表となった。

二〇一〇年二月、「主治医も予期せぬ病変に驚いていた。やんぬるかな。しかし、遅かれ早かれ、いつかは起きることだ。狼狽してもせん無いことだ。（略）こうなったら最後まで生きるほかない」（『落葉隻語　ことばのかたみ』）。

功績

野口英世記念医学賞、エミール・フォン・ベーリング賞、朝日賞（一九八一年）など内外の多数の賞を受賞。また一九八四年には文化功労者となる。五十代以降、エッセイを多く執筆し、大佛次郎賞（『免疫の意味論』、一九九三年）、日本エッセイスト・クラブ賞（『独酌余滴』、一九九九年）、小林秀雄賞（『寡黙なる巨人』、二〇〇七年）などを受賞。

（森一高）

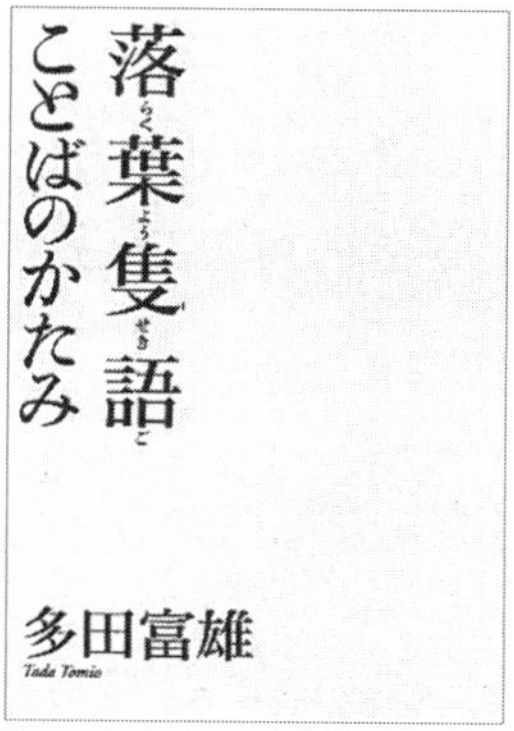

『落葉隻語　ことばのかたみ』（青土社、2010年）

◉著書など

『歌占　多田富雄全詩集』（藤原書店、二〇〇四年）、『生命の木の下で』（二〇〇九年）、『残夢整理　昭和の青春』（二〇一〇年、以上、新潮文庫）、『寡黙なる巨人』（集英社文庫、二〇一〇年）

*小児科医として生きる命と裏返しの死を見つめた

松田道雄（まつだ・みちお）

小児科医・評論家

一九〇八（明治四十一）年、茨城県水海道町（現・常総市）に生まれ、すぐに京都に移る。京都帝国大学医学部卒業後、京都府衛生課に勤務し、結核予防事業に従事。和歌山県衛生課長、大阪の民間病院を経て、京都市内で診療所を開業、患者との対話を重んじた医療を実践。一九九八（平成十）年、死去。八十九歳。

【死を語る言葉】

君は死ということをかんがえたことがあるか。

おそらく、あまりふかくかんがえたことはないだろう。ながい人生の終点にあるといわれる何かわからないもの、遠すぎてみえないものぐらいに思っているだろう。

私が君の年ごろのときは、死というものに、ひどくこだわった。それは仲のよかった友人が結核で死んだからだった。（中略）

その彼が死んだとき、いなくなってしまうということが、とても恐ろしいことに思えた。（中略）

老人のいる家では、老人の死を目のまえにみた。いまのように重病人は全部病院にいれられるのではなかったから、だんだんよわって、苦しんで死んでいく姿を、自分の目でみることがおおかった。死ぬことの恐ろしさというものを、子どもでも知っていた。

ところが、いまは子どもは人の死をみることがない。

（「死について」『死をみつめて』）

けれども、高校生や中学生が自殺するのには、どうしても賛成する気になれない。自殺するつもりで睡眠薬をのんだ中学生を、胃を洗ったり注射したりしてたすけたあと、その子が忘れたように元気になり、おとなになってから正常の社会人として活動しているのをみると、自殺しようとしたことが、一時の病気としか思えない。

（「若い人の自殺」同書）

そして、死んでいく人も最後まで生きられると信じることで、死の恐怖からのがれたがっていた。だから、生きるために、死との最後のたたかいに苦しみながら息をひきとった。

たいていの人はそうだったが、少数の人は落ちついていて、自分の死のさけられないことを知って、微笑しながら、家族たちに別れをいい、医者の私にまで礼をいって眠るように死んでいった。

そういう少数の人は信仰をもっている人であった。信仰というものは、人間の心を落ちつかせるものだと、感心した。

（「信仰について」同書）

その生涯と死生観

小児科診療のかたわら、哲学者・久野収の勧めにより一九四九（昭和二十四）年に平和問題談話会に参加。一九六〇年、京都大学人文科学研究所の共同研究「革命の比較研究」にも参加。一九六七年以降は執筆・評論活動に専念し、育児書『育児の百科』が大ベストセラーになる

松田は青春時代に結核で亡くなった友人の死について「この自分の生命を人事にしないといけないと思うことがつよくなった。つらいことがあっても、死のうとは思わなかった」と述懐している。また、松田は、現在の子供のほとんどは人の死に出会うことがなく、そのことが自殺する原因の一つでもあると考えており、信仰が死の恐怖を和らげることを認めつつ、彼自身はそれを受け入れることはなかった。

功績・エピソード

『育児の百科』は、一九六〇年代後半に核家族化が進んだ日本で、育児の相談相手のいない若い親たちにとって、頼りになる育児のバイブルとして受け入れられた。発行元の岩波書店によれば、総部数約百六十万部で、『広辞苑』に次ぐ人気出版物であった。なお、松田の死後、一九九九（平成十一）年に『定本　育児の百科』として出され、さらに三巻本

の文庫版が刊行されている。「誕生日おめでとう。一年間の育児で母親としておおくのことをまなばれたと思う。赤ちゃんも成長したけれども、両親も人間として成長されたことを信じる。（中略）母親の心にもっともふかくきざみこまれたことは、この子にはこの子の個性があるということにちがいない。」（岩波文庫版）。

（須藤隆）

『中学生までに読んでおきたい哲学6　死をみつめて』（松田哲夫編、あすなろ書房、2012年）

◉著書など
『私は赤ちゃん』（岩波書店、一九八五年）、『日本知識人の思想』（筑摩書房、一九七二年）、『われらいかに死すべきか』（平凡社、二〇〇一年）

*死がやすらかであれば人ははじめて幸福

若月俊一

（わかつき・としかず）

医師

一九一〇（明治四十三）年、東京生まれ。一九三六（昭和十二）年、東京帝国大学医学部卒業。二〇〇六（平成八）年、死去。九十六歳。

【死を語る言葉】

安楽死はいまや社会の大きな問題になっていますが、もっと真剣に考えていいと思います。いままでのように、医者はなにがなんでも、苦しむ患者を生かしておけばいいというのではね……。うちの母がいったように人間の一番の苦しみはお金と死で、死がやすらかであれば人ははじめて幸福だったといえる。栄耀栄華を尽くしても大変ひどく苦しんで死ぬんじゃ幸福とはいえない。昔の人というものは凄いものですね。人生を部分でなく一生においてとらえている。うちの母ちゃんは本当に偉い人だと思うんです。

ただ安楽死には非常にむずかしいところがあるんです。たとえば深沢（七郎）さんを一日一晩、二〇貫の石を乗っけて苦しめた。けれどもそれに耐えてまた次の仕事ができるようになれば、生かさなければならない。その場合は苦しみに耐えてもらわねばならない。そこの判定はわたしども科学者に任していただかなきゃならないんですけれど、しかしその科学者に、安楽死を人生の重大な問題としてとりあげる患者の気持ちがわかっていなくてはいけない。

（深沢七郎との対談「生きざま　死にざま」『若月俊一対話集　3　豊かな老いをつくる』）

死という問題をわれわれ医者がもっと真剣に考えなきゃいけない、ということは反省していますす。人間はみんな、あと一〇〇年も生きるような気がしてるんですね。その錯覚のなかでいろいろな問題をやかましく議論してるんです。じっさいはあと、ほんのわずかしか生きられないんですがね。考えてみれば、だれでも生ある者は必ず死ぬわけです。ただ、それがいつであるかはわからない。だからのんきにかまえている。それが急に目の前に来て、大あわてにあわてるか、それともあわてないでサラッと受け流すか、これはたいへんな問題じゃないでしょうかねえ。

（座談会「未来を開くのは――『吉里吉里人』をかたわらに」同書）

その生涯

両親は神田で洋品店を営んでいたが、関東大震災で被災、家を失い無一文となる。肋膜炎を患い、医学を志す。東京帝国大学医学部に進学。このころ人生に煩悶し、文学、哲学に目覚め、マルクス主義に接近する。その後、衛生兵として満州へ出征。一九四四（昭和十九）年には治安維持法により、一年拘留された。出所後、長野県佐久の佐久病院に外科医長として勤務、その地で終戦を迎える。戦後、労働組合を組織、委員長となり、従業員の投票により院長に就任。地域医療の先駆者として、農村医療に半世紀にわたり貢献した。

専門は外科であり、脊椎カリエスの手術の開拓者の一人であったが、何よりも地域医療の発展に寄与したことが特筆できる。ナロードニキの如き精神で、しかし常に「農民とともに」を実践し、無医村への出張診療を重ね、「予防は治療に勝る」と説き、自ら執筆した脚本をもとにした演劇を出張治療時に上演、人々の啓発に努めた。その死生観は、地域医療の実践から生み出されたもので、大らかで、実際的であり、「信州の赤ひげ」の呼び名に相応しい。

功績

日本農村医学会を創立。全村一斉検診を国家に先駆けて実施し、日本のみならずアジア諸国の農村医療の基礎を築く。一九七一（昭和四十六）年、朝日賞（社会奉仕賞）受賞。一九七六年、アジアの地域医療への貢献に対し、マグサイサイ賞社会指導者部門を受賞。その他、日本医師会最高優功賞など受賞歴多数。その名を冠した「若月賞」（農村保健振興基金）がある。

（滑川英達）

『若月俊一対話集３　豊かな老いをつくる』（旬報社、2011年）

◉著書など
『村で病気とたたかう』（岩波新書、二〇〇二年）、『若月俊一著作集』全七巻（労働旬報社、一九八五—八六年）、『若月俊一対話集』全三巻（旬報社、二〇一〇—一一年）

＊医師の経験から前向きに死生を考える

斎藤茂太（さいとう・しげた）

医師

一九一六（大正五）年生まれ。慶應義塾大学医学部で精神医学を専攻、精神科医となる。斎藤病院名誉院長。二〇〇六（平成十八）年、心不全のため死去。九十歳。

【死を語る言葉】

（前略）霊魂は亡くなった人そのものであり、見えないだけで、かたわらで見守ってくれているとしたら心強いし、さびしくないではないか。その意味で私は魂の存在を信じてみてもいいという気になっているのである。

（「魂はあると信じたい」『自分らしく生きて、死ぬ知恵』）

家事については、妻が亡くなったときの予行演習はしておくべきかもしれない。亡くならなくとも、長期の入院を必要とする場合だってある。（中略）

家事の中でも、特に不自由を強いられるのが食事だ。私は「男子厨房に入れ」といつもいう。日々をいきいきと暮らすための楽しみとしてもそうだが、日に三度の食事をすべて外食にすることはできない。外食ばかりになると塩分や脂肪分の過剰摂取となり、すぐに体調を崩してしまうだろう。そのときばかり、女房のありがたさを思ってみてもしょうがない。

（「伴侶が亡くなったあとを想定しておく」同書）

あの世に持っていけるものは何もない。これは厳然たる事実だ。ならば、残していくのも思い出だけでいい。そう思うだけで、足取りが軽くなると思うのは私だけだろうか。

（「あの世には思い出だけ持っていく」同書）

十分に悲しみを表現したら、あとは振り返らず、前を向いて歩いていくことである。いつまでも悲しみふさぎこむことは故人の望むところではないし、かえって成仏できないというものだ。

もし自分が死んだら、残された最愛の人には、悲しんだあとはまた自分の人生をいきいきと過ごしてほしいと願うはずである。

（「周囲の死を受け入れる」同書）

「メメントモリ」（死を思え）というラテン語がある。

死は未来の出来事なのだから、死を思うことは先を見通すことになる。つまり、前向きといいかえてもよい。

大切なのは過去をどう生きたかではなく、いまをどう生きるかである。後半生はこれまでの人生を振り返り、前半生をそのまま受け入れ、大切ないまという時間を輝かせることにほかならないのである。

（「死を思いつつ、生を全うする」同書）

その生涯と死生観

歌人で精神科医の斎藤茂吉の長男として東京に生まれる。日本精神科病院協会会長、日本旅行作家協会会長などを歴任する。精神科医の経験を元に心の持ち方や、無理のない生き方を記した著書が多くの人々を魅了した。

斎藤は、「自分の死」を念頭においておく必要について次のように述べている。

〈誰でも若いうちは、自分は「死」とは無関係であると考える。しかし、中年にさしかかるころから、あるいは壮年になるころには周囲の人々がポツリポツリと亡くなっていき自分の「死」についても否応なく考えさせられる。それがどの年代かは個人差があると思うが、自分がその年齢になったら「自分の死」を頭の片隅に置いた上で人生を、また日々を過ごすという態度が必要になってくると思う。〉(『自分らしく生きて、死ぬ知恵』)

功績・エピソード

多くの著作の中に、父茂吉を描いた『茂吉の体臭』『茂吉の周辺』、母輝子を描いた『快妻物語』や『精神科医三代』などがある。また、弟は、作家で、精神科医の北杜夫(本名・斎藤宗吉)である。

(須藤隆)

『自分らしく生きて、死ぬ知恵』
（中経出版、2010年）

◉著書など

『あせらない練習』（アスコム、二〇一四年）、『あなたと話すと元気になる』（二〇一四年）、『老いへの「ケジメ」：モタさんの言葉』（以上、新講社、二〇一五年）、『落ち込まない悩まない気持ちの切りかえ術』（集英社、二〇一三年）、『日本の名随筆8　死』（作品社、一九八三年）

市川平三郎

（いちかわ・へいざぶろう）医師

＊ガンは、好きな人たちにサヨナラを言ってこの世を去ることができる

一九二三（大正十二）年、東京生まれ。一九四四（昭和十九）年、千葉医科大学に進学する。一九五九年、母校の放射線科助教授となる。米国留学後、一九六二年、国立がんセンターへ。放射線診断部長を経て、一九七六年、病院長。二〇一四年（平成二十六年）死去。九十歳。

【死を語る言葉】

死をみつめ、過度に恐れることなく、そして結局は真剣に生を見つめ、最後まで生を味わう行動をしながら、好きな人たちにサヨナラを言ってこの世を去ることができるのは、がんという病気の特権だ。人間、いつかは死ぬのである。その時までに、家族や大事な人とすばらしい時間を過ごし、自分の人生にケリをつけ、別れの挨拶までして幕を引くことができれば、素晴らしいではないか。

もし、死因をあらかじめエンマ様に申告して聞き届けてもらえるならば、「がん」と記入してはどうか。こういう話は、よく医師どうしの酒の席では出てくるが、確かにある面で真理を含んでいると思う。でも、早すぎては困る。がんで死ぬのはいいが、あまり早くては困るのである。

（『百歳まで生き、ガンで死のう』）

はたして、瞬時に死んでしまうことが、本当にいいことなのかどうか。それも考えも

のだと思う。死ぬほうだって、大の大人であれば、死ぬ前にしておきたいこともある。借金も、机の中も整理しておきたい。遺書も書きたい。懐かしい友達にも会っておきたい。好きな人に〝さよなら〟の一言もいいたい……ガンなら、それができるんです

（中略）

死に際の見事な人というのは、生きているときも折に触れて、チラチラと自分の死を考えている人でしょうね。結局、物心ついてから、人間は必ず死ぬものだという事実を、どれだけ厳粛に受け止めてきたかという蓄積なんだと思います。友人知人の死に触れたり、本を読んだりして、長年にわたって蓄積して、醱酵させる。そしておおげさに言えば、それを芸術の域にまで熟成させる。そういう人が死を迎えたときに、見事ですね、と言われるのだと思います。

（「サライ」小学館、一九九六年）

経歴と死生観

X線二重造影法を開発し、これによる早期胃ガン診断技術の確立の功績により、一九六九年度朝日文化賞を受賞した。ガンに対する根強い恐怖と偏見を正し、『百歳まで生き、ガンで死のう。』（講談社、一九九二年）と提唱。あくまでも臨床の見地からガンに接し、科学技術に裏打ちされた、市川平三郎独自の「ガン哲学」を積み上げて行き、多くの尊い命を、死の恐怖から救い上げていった。

功績

人間の生老病死と最も直接に向き合い、これと関わるのが医学であり、その担い手である医師だろう。医は仁術といわれるが、同時に科学の発展につれ、確実にその成果をあげてきた。その上で、市川平三郎は、医学を科学の単なる応用ではなく、科学と技術の不可分なところから生じるものと捉えて、胃ガン制圧にその半生をかけた。死病のイメージが強かったガンを、早期発見により治癒可能な病いであるとし、検診を受けることの重要性を説いた。こうした功績により、一九九五（平成七）年、勲二等瑞宝章を授与される。一九九八年には夏目漱石の主治医として知られ、ガン研究の権威で、癌研究所、日本癌学会の設立者である長與又郎の名を記念して日本癌学会が一九九六年に設立した「長與又郎賞」

を受賞。その死に際し、正四位を与えられた。

（滑川英達）

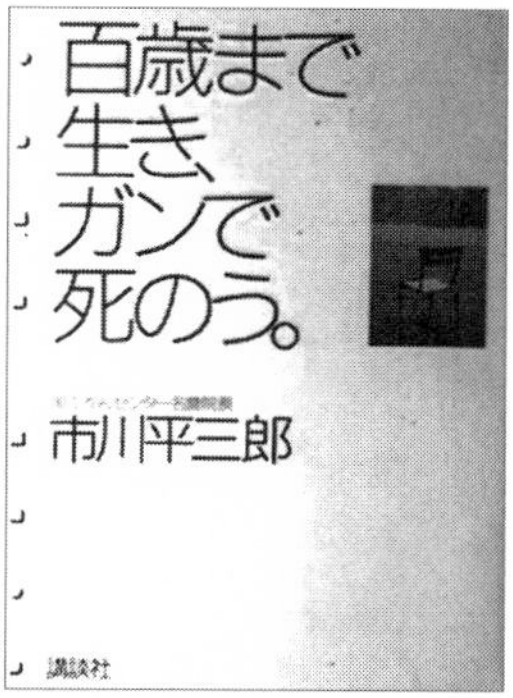

『百歳まで生き、ガンで死のう』（講談社、1992年）

◉著書など
『ガンが見つかってひと安心』（ごま書房、一九九二年）、『がん顧録―私の胃がん制圧三十年』（講談社、一九九三年）

井伏鱒二（いぶせ・ますじ）

作家

*「サヨナラ」ダケガ人生ダ

一八九八（明治三十一）年、広島県に生まれる。早稲田大学文学部仏文科を退学となった後、同人雑誌に参加。一九三八（昭和十三）年に「ジョン萬次郎漂流記」で直木賞受賞。一九六五年より連載の「黒い雨」で野間文芸賞を受賞した。一九九三（平成五）年死去。

【死を語る言葉】

私が学校に行くのを嫌って下宿で朝寝をしていると、青木南八は私を起しに来た。それはたいてい毎日のことで、南八は障子のそとから、

「おい、起きないか」

そういって障子を細目にあけると、南八は私の枕もとの原稿用紙に気がつき、

「おや、徹夜で書いたんだね。」

彼はいっぱい喰わされたともしらないで静かに障子をしめ、

「失敬。帰りに寄るよ。」

そして彼は帰って行くのであった。こういう友達が死んでしまうとずいぶんなさけない。私は学校を止してから就職口もなくて、いよいよ東京を逃げ出そうという日に青木南八を訪ねた。しかし彼のうちの門のところまで行ったとき、もう一箇月も前に南八は死んだことに気がついてそこの生垣にもたれかかった。ぼんやりしていて南八の死んだ

ことを忘れていたわけであるが、以前いつも思案にあまるときには彼のところに出かけて行って私は愚痴をこぼす慣わしなのであった。

（「喪章のついている心懐」『井伏鱒二全集』第四巻）

勧酒　　干武陵

勧酒金屈巵　　満酌不須辞
花発多風雨　　人生足別離

コノサカヅキヲ受ケテクレ
ドウゾナミナミツガシテオクレ
ハナニアラシノタトヘモアルゾ
「サヨナラ」ダケガ人生ダ

（「厄除け詩集」同全集第二十八巻）

「山椒魚は悲しんだ」という一文から始まる「山椒魚」は、井伏鱒二の人生とともに遍歴を重ねた作品である。最初、その原型となる「幽閉」が同人誌に発表されたのは学生時代だった。あくまでも習作として書かれ、当時はほとんど注目されなかった「幽閉」だが、それから六年後、駆け出しの作家だった時期に大幅に改稿され、「山椒魚―童話―」の題で発表された。自分の棲家である岩屋から出られなくなった山椒魚の姿には、鬱屈していた青年期の精神が反映されていると考えることもできよう。確かに「幽閉」発表当時、井伏は早稲田を中退して浪々とする身の上だった。文筆で身を立てる自信もあったわけではなく、将来への不安や時代の閉塞感が絶えずつきまとっていた時代である。

閉塞した状況のなか、井伏には青木南八という親友がいた。仏文科の同級で小説家志望の優秀な学生、仲間内での信頼も厚かった。「幽閉」を含め、習作時代の井伏はほとんどこの青木に向けて小説を書いていたと言っていい。しかし彼は大学卒業を目前にして病により夭逝してしまう。親友の死が井伏の胸中に残した傷は計り知れない。のちの井伏は「鯉」と題された短編を書いているが、そこでは亡き友から送られた白い鯉が大きく成長し、果ては三間ほどもあろう絵となって「私」の心に残り続ける様子が描かれている。こうして作家・井伏鱒二は誕生したのである。

エピソード

先述したとおり処女作「幽閉」はほとんど人目にとまらなかったが、しかし誰にも読まれなかったわけではない。当時この作品を手にした読者に、中学一年の津島修二（太宰治）がいた。「天才を発見した」と感激した津島はやがて井伏の弟子となり、生涯にわたり親交を深めることになる。

（村松泰聖）

『井伏鱒二全集　第4巻』（筑摩書房、1996年）

●著書など

『山椒魚』（一九四八年）、『黒い雨』（以上、新潮文庫、一九七〇年）『井伏鱒二全集』全二十八巻、別巻二（筑摩書房、一九九六―二〇〇〇年）

＊「無私」をつらぬくこと

小林秀雄

（こばやし・ひでお）

文芸評論家

一九〇二（明治三十五）年、東京都の生まれ。東京帝国大学仏文科を卒業後、二十七歳のときに書いた「様々なる意匠」が『改造』懸賞評論に入選し、本格的な評論活動を開始する。一九六三（昭和四十二）年には文化勲章を受章。一九八三年、腎不全により死去。八十歳。

【死を語る言葉】

私は、今まで自分の年齢という様なものを殆ど気にした事がない。頭が白くなって来ても、年齢が私の内部に成就して来たものに就いては、殆ど無関心で通して来た。齢不惑はとうに過ぎ、天命を知らねばならぬ期に近附いたが、惑いはいよいよこんがらかって来る様だし、人生の謎は深まって行く様な気がしている。成る程人並みに惑の種を殖やす役に立ってきた様に思われる。それというのも、私は、若い頃から経験を鼻にかけて大人の生態というものに鼻持ちがならず、老人の頑固や偏屈に、経験病の末期症状を見、これに比べれば、青年の向う見ずの方が、寧ろ狂気から遠い、そういう考えを、持って来たが為である。心に疑惑の火を断たぬ事、これが心に皺がよらない肝心な条件に思えた。ところが、近年、そんな料簡では、どうも致し方があるまいと時々思う様になった。思う様になったと言っても格別どうという事はない。実は未だよく解らぬのかも知れないし、或いはもともと解るという様な筋合いの事ではないかも知れない。が、確かにそんな気だけはしている。

（「年齢」『小林秀雄全作品』第十八巻）

例えば、物忘れがひどくなったのが呆けた事なら、呆けた事など大した事ではあるまい。詰らない事を、あんまり覚え過ぎたから、いっそさっぱりしているようなものだ。呆けたという特色は、そんなものではない。棺桶に確実に片足をつっ込んだという実感です。人は死ぬものぐらいは、誰も承知している。私も若い頃、生死について考え、いっそ死んで了おうかと思いつめた事があるが、今ではもう死は、そういう風に、問題として現れるのではない。言わば、手応えのある姿をしています。先立っても、片附けものをしていたら、昔、友達と一緒に写した写真が出て来た。六人のうち、四人はもういないのだな、と私は独り言を言います。その姿が見えるからです。棺桶に片足をつっ込むというような言葉は、決して机上からは生まれなかった。経験が生んだものだ。これは面白い言葉だなどと青年が言ったら滑稽でしょうが、この言葉が味わえぬような老年は不具な老年と言っていいでしょう。

（「生と死」『小林秀雄全作品』二十六巻）

哲学者・ベルグソンが小林に与えた影響は大きい。たとえば「私の人生観」にその直接的な言及がみられる。このなかで小林はベルグソンの用いる「ビジョン」visionという言葉に着目し、それを自身の理想とする歴史観や人生観と重ね合わせている。小林によれば、「ビジョン」とは物事をただ分析的に捉える力ではない。宮本武蔵は「見る」ということについて「見」と「観」の二つの様相があると述べたが、それに従えば「ビジョン」とは武蔵の言う「観」つまり「心眼」に相当するものであり、物事をあるがままに眺める態度ではなく、物事に対して創造的に働きかける態度のことにほかならない、と述べるのである。このことは『本居宣長』で宣長の「もののあはれ」のうちに感情論ではなく認識論を読みとったこととも通じるであろう。知と情の両方でもって対象に没入しようとする宣長の手法を、小林は「無私」と呼んだのであった。

小林自身も最後までこの「無私」の姿勢を貫いたように思える。彼は学者のように人間の生死を客観視することはなかったが、だからといって私情に流されることもなかった。生と死を主体的に捉えようとする批評眼を持つこと――この意味において、小林秀雄はやはり批評の神様であったと言えるだろう。

功績・エピソード等

一九四六（昭和二十一）年のある日、酩酊した小林は水道橋駅のホームから転落した。奇跡的に軽症ですんだ小林だったが、このとき亡くなった母が助けてくれたような感覚を覚えたという。のちに「感想」と題され連載された小林のベルグソン論は、この不思議な体験談から書き始められることになった。

（村松泰聖）

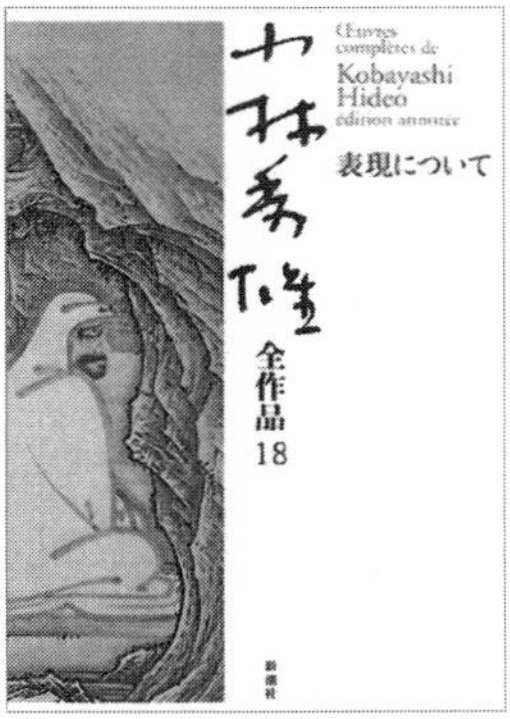

『小林秀雄全作品　第18巻』（新潮社、2004年）

◉著書など

新潮社から第五次『小林秀雄全集』全14巻、別巻2、補巻1（新潮社、二〇〇一―一〇年）が刊行されている。また、同全集の表記を新字体・現代仮名遣いに改めた『小林秀雄全作品』全28巻、別巻4（二〇〇二―〇五年）も手にすることができる

＊倒木の上に伸びて立つ

幸田文（こうだ・あや）

作家

一九〇四（明治三十七）年、作家・幸田露伴の次女として東京に生まれる。一九四七（昭和二十二）年、病没した父の思い出を綴った文章を雑誌に寄稿。これが呼び水となり、徐々に随筆を発表。一九五五年より連載された長編小説『流れる』で日本芸術院賞を受賞。一九九〇（平成二）年、心不全のため死去。八十六歳。

【死を語る言葉】

仰臥し、左の掌を上にして額に当て、右手は私の裸の右腕にかけ、「いゝかい」と云つた。つめたい手であつた。よく理解できなくて黙つてゐると、重ねて、「おまへはいゝかい」と訊かれた。「はい、よろしうございます」と答へた。あの時から私に父の一部分は移され、整へられてあつたやうに思ふ。うそでなく、よしといふ心はすでにもつてゐた。手の平と一緒にうなづいて、「ぢやあおれはもう死んぢやふよ」と何の表情もない、穏やかな目であつた。私にも特別な感動も涙も無かつた。別れだと知つた。「はい」と一ト言。別れすらが終わつたのであつた。

（「終焉」『幸田文全集』第一巻）

倒木と同じ理屈で、折れたり伐ったりした根株のうえにも、えぞは育っています。あれなどはその典型的なものですよ、と指された。それは斜面の、たぶん風倒の木の株だろうという、その上にすくっと一本、高く太く、たくましく立っていた。大根を何本も地におろして、みるからに万全堅固に立ち上っており、その脚の下にはっきりと腐朽古木の姿が残っていた。いわばここにいるこの現在の樹は、今はこの古株を大切にし、いとおしんで、我が腹のもとに守っているような形である。たとえその何百年か以前には、容赦もなく古株をさいなんで、自分の養分にしたろうが、年を経たいまはこの木ある故に、古株は残っていた。ついいましがた、生死輪廻の生々しい継目をみて、なにか後味さびしく掻き乱されていた胸が、この木をみて清水をのんだようにさわやかになった。

（「木」同全集第十九巻）

まったく、人間、いつどこでどうものを思い立つものなのか、わかりません。老いて思い立つ、ということもあるものです。私、その時、塔でごはんを食べてきたことが、今更ながら深く身にしみました。親が紙の上に文字で建てた塔のおかげで、ごはんを食べてきた私なんです。塔が建たないときくと、塔で食べてたあの時この時のごはんが、何かこう、こちら向きにムクムクと置き返って、私の方をみているような、そんな気持ちがしました。

（「塔のこと」同全集二十二巻）

その生涯と死生観

終生、看護と関わりの深い女性だった。病床の父を捉えた精緻な描写によって文壇へと導かれた彼女であるが、そもそも二十一歳のときには結核に倒れた弟の最期を看取っている。二人の家族が病床で投げかけた多くの言葉は、後に遺された文の人生を支えるものであったに違いない。露伴に関する随筆や小説『おとうと』を経た上で、こうした看護生活のモチーフは小説『闘』のなかに結実することになる。生前最後に刊行されたこの作品で、彼女は療養する結核患者たちの生と死を看護者の視点から描いてみせたのである。

こうして看護に尽くしてきた彼女も、還暦を迎えると心なしか解放感を覚えたようだ。それ以降に書かれた随筆作品では、しばしば雄大な自然が主題として扱われている。とりわけ樹木に対する彼女の思い入れは強く、「木」と題された随筆の連載は十三年にわたって続けられた。ここで描かれた、朽ちて倒れた木を養分として屹立する新しい木――それは、亡き父や弟に支えられて生きてきた、彼女の人生観そのものだったのかもしれない。

功績・エピソード等

彼女は晩年、奈良・法輪寺にある三重塔の建立に助力している。そのきっかけとなったのは、露伴が二十五歳のときに書いた小説『五重塔』だった。作品のモデルになった東京・

天王寺の谷中五重塔が放火で焼失したことに心を痛めていた文は、あるとき法輪寺の古塔（こちらは落雷で焼失していた）の再建計画が難航していることを知る。すぐに立ち上がった彼女は、住職の死によって中断していた計画を再開させ、募金運動などに奔走。こうして十年の歳月を経たのち、ついに塔は完成を迎えたのである。彼女の逞しい生き方の陰には、最後まで父・露伴の偉容があったと言えるだろう。

（村松泰聖）

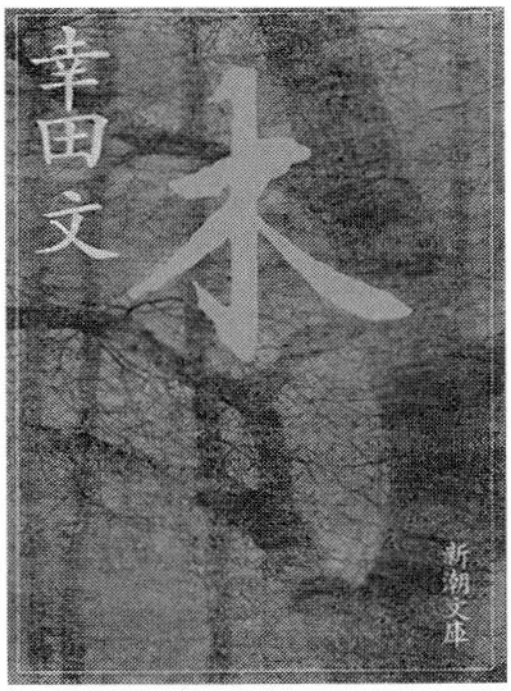

『木』（新潮文庫、1995年）

●著書など
『流れる』（一九五六年）、『父・こんなこと』（以上、新潮文庫、一九五五年）、『おうとうと』（中央公論社、一九五六年）、『幸田文全集』全二十三巻（岩波書店、一九九四－九六年）

＊思い残すことなど何もない

鈴木真砂女

（すずき・まさじょ）

俳人

一九〇六（明治三十九）年、千葉・安房郡（現・鴨川市）生まれ。俳人。二〇〇三（平成十五）年、死去。九十六歳。

【死を語る言葉】

波乱万丈の人生ですって？　人様からしたらそうなんでしょう。好きな俳句を作りながら、好きな女将の仕事をし、たったひとりの好きな人を思い続けているだけですけどね。

天衣無縫な性格もあるのでしょうけれど、あたくしは決して後悔しないの。人と争ったりもしない。それにね、俳句があったから。折々の思いを俳句にすれば、それで気持ちがすうーっと抜けるの。40年間おつき合いした恋人も、俳句があったからこそ続いたのかもしれないわね。

（「ラ・セーヌ」秀友社・学研、一九九八年十二月）

《今生のいまが倖せ衣被《きぬかずき》》。今の心境はこの句の通りです。お金も何もないけれど、働けば、自分のお小遣いには不自由しない。欲しいバッグのひとつも買える。それが誰の援助でもなく、自分で働いたお金だということが幸せなんですね。

衣被は庶民的な食べ物で、卯波にもふさわしいでしょう。この歳になっても、クルクル立ち働いて、疲れたら俳句で和らげる。今、私は〝卯浪〟の上の幸せをかみしめています。

ただ、人生何があるかわからない。そのときはね、また一から出直しますよ。あの、何とかなるさ、の気持ちでね（笑）。

（「サライ」小学館、一九九二年）

芽木の空浮雲ひとつ許しけり

「木が芽吹きます。春の初め。芽木は空に向かっていきます。正面には富士山。空は晴れ渡り、真っ青な空をバックに富士山がいて、富士の肩のあたりに真っ白な雲がある。そんな風景の中で、私は眠りたいのです。

思い残すことなど何もない。死ぬのは迫っているんでしょうが、ちっとも恐怖はない。わりと、肝がすわっていますから。やること、やってきたからねえ。」

（『いつまでも、真砂女。』星谷とよみ著、ＫＳＳ出版、一九九八年）

一九〇六（明治三十九）年、千葉・安房郡の老舗旅館・吉田屋旅館（現・鴨川グランドホテル）の三女として生まれ、何不自由ない少女時代を過ごす。東京の女学校を卒業し、二十二歳で日本橋の雑貨問屋の次男と恋愛結婚。一女をもうけ幸せな日々を送っていたが、七年目に夫が花札賭博にいれあげ突如蒸発、娘を残して実家に戻る。その十ヵ月後、旅館を継いだ姉が肺炎で急逝したため、両親に説き伏せられて義兄と再婚、旅館を継ぐことになった。女将の仕事は楽しくとも、意に添わない結婚によって女として満たされぬ思いを募らせる。

三十一歳の年、生涯の恋人となる七歳年下の海軍航空隊の士官と出会う。お互いに家庭を持つ道ならぬ恋であった。激情に駆られ恋人の転属先の長崎へ鞄ひとつだけ持って家出するが、連れ戻され、その後旅館の女将として二十年間過ごした。

俳人としては、四十一歳の頃に久保田万太郎主宰の「春燈」に投句し、生き生きした女将の日常、苦しい恋心を詠んだ句は、女流俳人真砂女の名を高める。四十八歳で処女句集『生簀籠』出版した。

一九五七（昭和三十二）年、五十歳のとき、すべてを捨て、無一文で家を出た。知己を頼って金策に走り、銀座・稲荷横丁に八坪半の小料理屋「卯波」を開店した。銀座の女将になってからはまさに水を得た魚。店は俳人、作家、編集者たちで賑わい、連日盛況を博した。

恋人とは、出会ってから内緒の逢瀬が二十年、家を出てから二十年の四十年を付き合った。真砂女が七十歳のとき恋人は脳血栓で亡くなった。もって生まれた前向きの楽天性と苦しみや哀しみを俳句に昇華することによって一途な恋を貫いた。

九十二歳で卯波の女将を退く。一九九九（平成十一）年、句集『紫木蓮』で蛇笏賞受賞。最晩年は老人保健施設に入所し、老衰で亡くなった。

（大林織江）

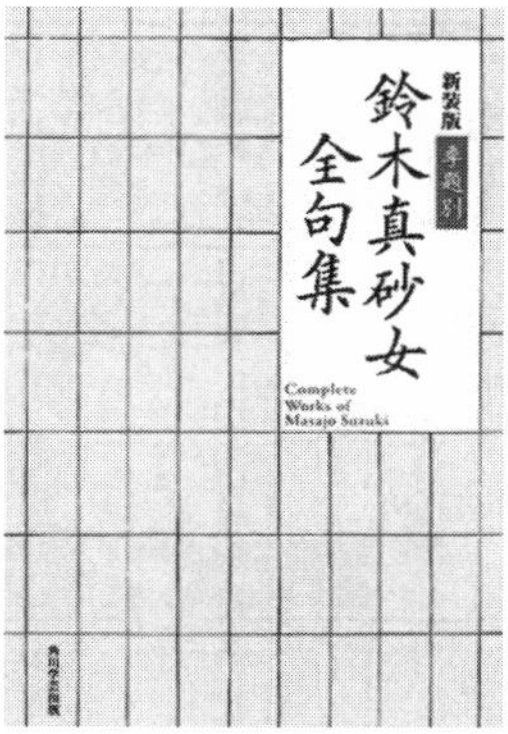

『季題別　鈴木真砂女全句集』
（KADOKAWA、2015年）

◉著書など
句集『生簀籠』『卯浪』『夏帯』『夕螢』（一九七六年、俳人協会賞）『居待月』『都鳥』（一九九五年、読売文学賞）『紫木蓮』（一九九九年、蛇笏賞）。エッセイ『お稲荷さんの路地』（角川文庫、一九九九年）、『銀座諸事折々』（角川書店、二〇〇〇年）

＊あすなろの木のように生きる

井上靖

（いのうえ・やすし）

作家

一九〇七（明治四十）年、北海道生まれ。両親の実家である静岡で育てられる。一九三二（昭和七）年、京都帝国大学文学部に入学。卒業後は新聞社に勤務しながら小説を執筆する。一九五〇年、「闘牛」で芥川賞を受賞。翌年には退職して本格的な創作活動を始める。一九九一（平成三）年、死去。八十三歳。

【死を語る言葉】

――〝無〟と書いた軸を掛けても、何もなくなりません。〝死〟と書いた軸の場合は、ではなくなる。〝無〟ではなくならん。〝死〟ではなくなる！

まるで何者かに挑むような烈しい口調だった。茶室からはそれだけ聞こえて、そのあとはまた何も聞こえなかった。が、やがて、こんどは低い、ずしりとした声が聞こえて来た。私はすぐそれを師利休の声と知ったが、丁度その時、母屋の方に人の声がして、立ち上がって行かねばならなかったので、師利休がいかなることを話されたか聞くことはできなかった。席に戻ってくると、どなたか別の声が聞こえていたが、すぐに歇《や》んだ。

（「本覚坊遺文」『井上靖全集』第二十二巻）

――人間の生死、貧富、共に天命の致すところ、人力を以てしてはいかんともなし難い。長命、富貴、栄達は望んでても得られるものではない。来るなら、勝手に向うからやって来る。併し、こう割り切ってしまっては見も蓋もないので、次のように言ってもいい。長命、富貴、栄達は、望んでも来るものではないが、来る場合は、知らないうちに、天が置いて行ってくれている。いかなる場合に、置いて行ってくれるか、これは判らない。天のきまぐれかも知れない。いずれにせよ、長命、富貴、栄達といったものは、そのようなものなのである。

（「孔子」同全集第二十二巻）

一日、端座して、
顔を庭に向けている。
樹木も、空も、雲も、島も、
みな生きている。
静かに生きている。
陽の光にも、近くの自動車の音も、
みな生きている。
生きている森羅万象の中、
書斎の一隅に坐って、
私も亦、生きている。

（「病床日誌」抜粋『すばる』集英社、一九九一年三月号）

その生涯と死生観

高校時代、井上靖は柔道部に籍を置いていた。本人によると、そこは「練習量がすべてを決定する」ような考えの世界だったという。毎日過酷な練習に明け暮れ、勉学や読書に励む暇などなかったようだが、その禁欲的な姿勢はのちに描かれた青春小説『あすなろ物語』の主題とも通じているように思える。それは孤独や劣等感に苛まれながらも――明日は檜になろうと願ってやまない翌檜《あすなろ》の木のように――強くあろうとする「克己心」の物語だったはずだ。

その井上靖も、七十九歳で食道がんを患う。それまでほとんど健康な生活を送ってきただけに、手術を受けるショックは尋常ではなかった。それでもやはり精神は屈強である。病室に机を持ち込み、着物姿で正座し、彼は以前と変わらぬ執筆活動を続けたのだった。全摘手術を終えた井上靖は「僕はあと十年生きよう。そして、その間仕事をしよう。まだ、やりたいことがたくさんある」と言ったという。

エピソード

最晩年に発表された長編小説『本覚坊遺文』『孔子』は、いずれも実在の人物を題材にした作品である。『本覚坊遺文』は千利休の死の謎を架空の弟子が解き明かそうとする物語であり、茶人として死の「運命」を受け入れる利休の最期が淡々と描かれている。一方の『孔子』もまた、弟子を語り手に置くことによって孔子の謎に迫ろうとする労作である。いずれも実在と虚構の間に立ちながら、作者自身の死生観が垣間見える作品であるといえよう。なお、『本覚坊遺文』は日本文学賞を、『孔子』は野間文芸賞を受賞している。

（村松泰聖）

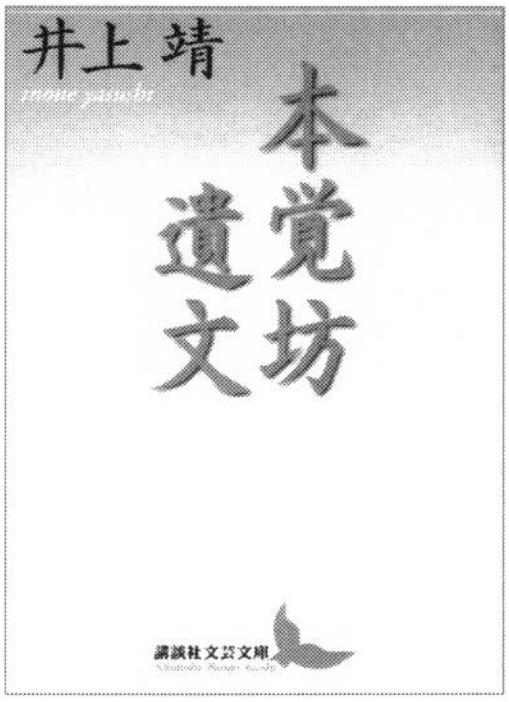
『本覚坊遺文』（講談社文芸文庫、2009年）

●著書など
『あすなろ物語』（新潮社、一九五四年）、『しろばんば』（中央公論社、一九六二年）、『井上靖全集』全二十八巻、別巻一（新潮社、一九九五—二〇〇〇年）。田村嘉勝『井上靖—人と文学』（勉誠出版、二〇〇七年）

*夫が身をもって教えてくれた死の覚悟

田中澄江

（たなか・すみえ）

作家

一九〇八（明治四十一）年、東京生まれ。東京女子高等師範学校（現・お茶の水女子大学）文科卒業。二〇〇〇（平成十二）年三月一日、死去。九十一歳。

【死を語る言葉】

考えたって考えなくたって、人間死ぬことは確実。ならば考えないほうがいいと思う。そんな暇があったら、もっと生きることを考えたほうがいい。死への準備なんかしている暇がないというのが正直なところね。

ただし私自身の骨の始末は、もうだいぶ前に決めていて、死んだらすぐに骸骨《がいこつ》として献体することにしているんです。私、骨は全くカルシウムの塊だと思っているから、自分の骨には何の未練もないんです。

（『上手な老い方［葡萄の巻］』小学館、一九九九年）

私が死ぬまで埋葬しないで、（夫の遺骨は）そばに置いとこうと思うの。いつもお線香を上げて、話しかけているんです。〃安らかになんか寝てちゃダメよ。冗談じゃないわよ、さっさと先に逝っちゃって。私が死ぬまで、まだ起きてて〃なんて。亡くなった時は悲しくて、田中の棺が炉の中にスーッと入った時、一瞬ヒラリと飛び乗って一緒に燃えちゃいたいと思いました。でも生きている限りは、やりたいことがいっぱいあるから忙しくて、泣いてる時間があまりない。〃今、ちょっと忙しいから泣けないけど、あとで暇になったら泣くわよ〃って、夫に言ってるの。（同書）

私は夫が身をもって、のんきな私に、「覚悟はよいか」と教えてくれたような気がしている。

明日のことは心配するなというキリスト様の言葉に甘えて、今日のいのちを精一ぱい生きればいいといつも思っていたけれど、今日のいのちの次に死があることを、私はこれからもっと考えようと思っている。

また、自分が死ぬ前に、老い衰えることがあることも少しずつ考えなくてはならぬと思っている。（『老いの始末』）

「老いを討て」。まず自分の老いを知り、自分の守備範囲をしっかりと守れ。（中略）他人任せでなく、老いを直視して、体力の過信を討て。つまり自分の始末は自分で鋭意努力してほしいということでありたいと思った。（同書）

その生涯

一九三四（昭和九）年、劇作家の田中千禾夫《ちかお》と結婚。三九年、最初の長編戯曲『はる・あき』が田中千禾夫演出、文学座で上演、注目される。戦後は「我が家は楽し」（中村登監督）「少年期」（木下恵介監督）「めし」（成瀬巳喜男監督）などの映画の脚本（この三作で五一年ブルーリボン脚本賞受賞）、NHK連続テレビ小説「うず潮」（六四年）「虹」（七〇年）などの脚本、小説『カキツバタ群落』（七三年、芸術選奨文部大臣賞受賞）『夫の始末』（九五年、女流文学賞、紫式部文学賞受賞）など。またエッセイ紀行『花の百名山』（八〇年、読売文学賞）など、最晩年まで山に登った登山家としても知られる。二男一女の母。

エピソード等

田中澄江は山を愛した作家として知られるが、初めて登った山は、小学校五年生のときに遠足で登った高尾山。四十代末には、立山から上高地まで百数十キロを五泊六日で縦走、七十代ではカナディアンロッキーを十日間歩いたあと、帰国三日目から秋田駒ヶ岳から烏帽子（乳頭山）を縦走した。八十一歳で鳳凰三山、八十五歳までは年間二十から三十の山を登ったという。その後、夫の看病などで山から離れ、夫の没後八十八歳で栃木・三毳山《みかもやま》に登った。

田中澄江には二男一女がいるが、一九五一（昭和二十六）年に、この子どもたち三人とともに、京都のカトリック西陣教会で受洗した。夫の田中千禾夫は、大学教授退職後、八十二歳でやはり受洗し、九十歳で亡くなった。田中澄江が八十六歳のときだった。「キリスト様への帰依のお恵みを彼は十分に受けて現世から去っていった。（中略）彼の平安な死を拍手して送りたい気持ちでいる」（『老いの始末』）。

（森一高）

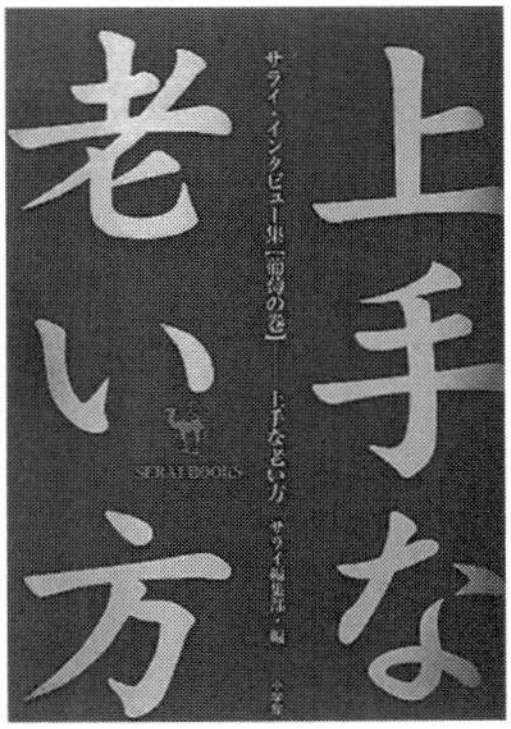

『上手な老い方［葡萄の巻］』
小学館、1999年）

●著書など
『新・花の百名山』（文春文庫、一九九五年）、『老いは迎え討て』（青春文庫、二〇一一年）、『現代語訳　曾根崎心中』（共訳、河出文庫、二〇〇八年）、『夫の始末』（講談社、一九九八年）。ＮＨＫ―ＤＶＤ『花の百名山』（田中澄江監修、ＥＭＩミュージック・ジャパン、二〇〇二年）、『老いの始末』（海竜社、一九九七年）

＊永久革命者の悲哀

埴谷雄高

（はにや・ゆたか）

作家

一九〇九（明治四十二）年、台湾生まれ。本名は般若豊。日本大学予科を出席不良のために除籍となった後、二十一歳で日本共産党に入党。翌年には逮捕され、獄中生活を経験する。一九四六（昭和二十一）年より代表作『死霊』の連載を開始（未完）。一九九七（平成九）年、脳梗塞のため死去。八十七歳。

【死を語る言葉】

生に「無反省」「無自覚」なまま、子供を産んだものは、すべて、愚かな自己擁護者であって、巨大な生の中の自己についての一片の想念だに彼の脳裡を掠めすぎたことはない。自己と自己の家族の愚かな肯定者、自足者である彼は、つねに、ただひたすらひたむきの保存者であって、自他ともに顚覆し、創造する革命者たり得ない。ただ「自覚的」に子供をもたぬもののみが、「有から有を産む」愚かな慣例を全顚覆し、はじめてまったく自己遺伝と自然淘汰によってではなく、「有の嘗て見知らぬ新しい未知の虚在」を創造する。

生の全歴史は、子供をもたなかったものの創造のみによって、あやうくも生と死の卑小な歴史を超えた新しい存在の予覚をこそもたらし得たのである。

従って、この命題を厳密且至当に辿りゆけば、ひとりの子供だにまったく存在しなくなった人類死滅に際しておこなわれる革命のみが、本来の純粋革命となる。子供をのこしてきたこれまでのすべての「非革命的」革命なるものを顚覆する純粋革命こそ、これまで絶対にあり得なかった不思議な知的存在者をついに創造し得た唯一の栄光をもった最後窮極の革命にほかならない。

（「死霊」『埴谷雄高全集』第三巻）

立花［隆］　ところで、八十二歳になられて、自分の死というものはどういうふうにイメージされていますか。

埴谷　アインシュタインが、「死ぬことは怖いですか」という問いに答えて「自分は粒子のひとつだから死は関係ない。死んだって自然の中の粒子だ」と言いましたね。それに対して、ぼくは、根源までさかのぼれば生の単細胞に、あるいは宇宙の鉄にまでたどりつくけれど、死ねばそれっきり、あとは何も続かない、という考え方です。

ただ観念の刺激は、ある、「自同律の不快」の刺激は、どこかにあるけれど、その時は「埴谷の自同律の不快」といっても、「埴谷」は符牒で、つながるのは「自同律の不快」だけです。これをぼくは「精神のリレー」と称している。

（「生命・宇宙・人類」同全集第十八巻）

その生涯と死生観

「永久革命者」埴谷の路程は、存在をめぐる純粋な疑念から始まった。AがAであることに対する違和――後に「自同律の不快」という言葉で知られるようになる、存在の根源へと向けられた問いである。当初、それはシュティルナーの影響を受けた自我の哲学として彼のうちに懐胎されたが、広く知られているように、決定的な変容を与えたのは獄中で耽読した『純粋理性批判』である。カントの二律背反と出会ったことによって、埴谷の「不快」は超越論的な領野へと開かれた。実存が抱える矛盾を乗り越え、「虚体」と呼ばれる無限へと向かう遠大な革命思想が、ここに誕生したのである。

それは間違っても独我論ではない。むしろ共同体の論理を遥かに超え、宇宙論的な視座から存在の調和を企図するものである。『死霊』の作中で描かれたように、この思想の前ではキリストまでもが人間中心的な退廃として糾弾される。埴谷にしてみれば、人間が背負う否定性＝原罪とは、生まれたことそれ自体、生きることそれ自体のうちに存在しているのである。

功績・エピソード等

埴谷によれば、人間が完全な自由意志によって行えることがただ二つだけあるという。

それは自殺と、子供を作らぬことだ。前者に関してはさすがに否定的な態度をとった埴谷であるが、後者については生涯その意志を忘れることはなかった。それどころか、妻の敏子は四度の堕胎を強いられ、そのために子宮摘出を余儀なくされたと言われている（もっとも、晩年の埴谷はこのことを少なからず後悔していたが）。倫理はともかく、彼の特異な生き様を示す逸話であると言えるだろう。

（村松泰聖）

『死霊Ⅰ』（講談社文芸文庫、2003年）

◉著書など
『埴谷雄高全集』全十九巻、別巻一（講談社、一九九八―二〇〇一年）

水上勉（みなかみ・つとむ）

作家

＊裏をみせ表もみせて散るもみじ

一九一九（大正八）年、福井県の生まれ。十歳のときに家を離れ、京都・相国寺瑞春院に入る。旧制花園中学校を卒業後、寺を出て、立命館大学に入学。戦後、東京に出て文学修行、宇野浩二に師事。一九六一（昭和三十六）年には『雁の寺』で直木賞受賞。二〇〇四（平成十六）年、肺炎のため死去、八十五歳。

【死を語る言葉】

九歳で京都の禅寺に入った私は、葬式や枕経をよみによくいったので、人の死には子供の時分から馴染んだと思う。京都の火葬場は当時、北山にあって、のち等持院に入寺し、金閣寺の前を通って、大徳寺の般若林に通学したので、その火葬場へもよくゆき、骨壺も見た。日本の骨壺は、味気ないものが多かった。だいたい、火葬場そのものも味気なかった。なぜか、竈の扉に、「並」と「特」があって、人が死んで焼かれるのに差別のあるのもおかしかった。白い手袋をはめた人が、おもむろにとりだす壺は、量産品の顔をしていて、つまらぬものだった。それに、「ふたり箸」などといって、二人が一本ずつつかって、骨片をひろって、壺へ入れるのである。なぜに、こんな風習が育ったのか理由を知らぬが、味気ない骨壺は、のちに寺を出て大人になってから、友人知己の葬祭にゆくたびに、思いをあらたにさせられた、なぜに、苦労多い人生を果てたのに、オリジナルな壺に入って楽しまないのだろうか。遺族たちのなげやりな態度になじみのないものを感じた壮年の思い出が、ずうーっとはなれずにあったのである。

（「骨壺の話」『新編水上勉全集』第十一巻）

もともと、死は怖いものだ。けれども、死が近づいてきても、「やあ、こんにちは」と言えるくらい死を恐れない力が、病気の多い日常から身についたように思う。近づいてきたものは横合いから突然殴りに来たわけではない。背中を向けると死神は遠のくそうだけれども、そういう死神が近づいて来る足音をそう嫌わなくなった。垣根が低くなって、靴を履いたままでも隣へ跨いで行ってしまう、それが死であろうと行ってしまう、という心境である。

良寛は、何百人もの死者を出した越後地震の直後に、「死ぬる時節には死ぬがよく候」という手紙を弟の由之に出している。またその遺偈、「うらをみせおもてもみせてちるもみぢ」なども良寛のそうした心境を表したものだったのであろう。隣へ行く境界の垣根が低くなっていたのだろう。死への恐怖を免れる妙薬があるとしたら、「死ぬ時には死ぬのがよい」という、無理をしないで死の国へ行ける心構えがそれである、といっているのである。

（『仰臥と青空』）

その生涯と死生観

水上文学の背景には、禅寺の小僧として過ごした少年時代の記憶がある。貧しい家庭に生まれ、なかば口減らしの目的で入寺させられた水上の目に、戒律とは遠い住職の姿は厭わしく映ったのだろう。ときには空腹から池の鯉を捕まえて食べたこともあったという寺での生活であったが、そのなかで芽生えた暗い欲望は、推理作家として出発する上で重要な糧になったに違いない。

とはいえ、禅宗の教えは彼の心中に何も残さなかったわけではない。生涯にわたって多くの仏教文学を残した水上である。とりわけ禅僧・良寛に対する思い入れは強く、伝記やエッセイの題材として繰り返し取り上げられている。特定の寺をもたず、托鉢によって民衆と親しんだ良寛の生き方は、寺を出て放浪を続けてきた水上の人生と重なって見える。「裏をみせ表をみせて散るもみじ」——良寛の辞世の句をなぞるように、水上は穏やかに死を受け入れたはずである。

功績・エピソード等

自由が叫ばれ始めた戦後日本の喧騒のなかで、水上はかつて朝から晩まで素読をさせられた経文の一節を思い出すことになった。「慈愛をあわれむは慈愛を捨つるなり」。個人的な執着心を振り払い、真実の大きな愛を確立すること――慈悲という主題を獲得したことによって、水上文学はある種の普遍性を獲得するに至ったのである。たとえば『越前竹人形』の物語などはまさにその極致であろう。谷崎潤一郎はこの作品について、「これほど興味深く読んだものはなく、古典をよんだような後味が残る」と激賞している。

（村松泰聖）

『骨壺の話』（集英社、1994年、のちに集英社文庫）

◉著書など
『新編水上勉全集』全十六巻（中央公論社、一九九五―九七年）。『仰臥と青空―「老・病・死」を超えて』（河出書房新社、二〇一二年）、『若狭がたり　わが「原発」撰抄』（二〇一七年）、『ただいまを生きる』（以上、アーツアンドクラフツ、二〇二二年）

*自分が消滅したあと、空も地上もまったく同じ

山田風太郎（やまだ・ふうたろう）
作家

一九二二（大正十一）年、兵庫県生まれ。東京医学専門学校（東京医科大学）卒業。二〇〇一（平成十三）年、死去。七十九歳。

みんな酒をやめ、たばこもやめて、長生きして何になるの？　四十代くらいの年代で長生きできるなら、いくら長生きしてもいいけど、人間、年とればボケるし老化するんだからね。

（『コレデオシマイ。』）

【死を語る言葉】

「風太郎死言状」に曰く

○路傍の石が一つ水に落ちる。
無数の足が、忙しげにその傍らを通り過ぎてゆく。
映像にすればただ一秒。
○自分が消滅したあと、空も地上もまったく同じとは実に何たる怪事。
○人は死んで三日たてば、三百年前に死んだのと同然になる。
○最愛の人が死んだ日にも、人は晩飯を食う。

つまり、本人の死は他人にとって、愛犬の死より何でもないことなのである。

（『死言状』）

〃国は国立往生院のようなものを作って、老人が安楽死の途《みち》を選ぶようにすべきだ〃と書いたことがあるが、本当にそう思うね

（中略）

高齢のご夫人からの手紙が殺到したんだが、これが全部〃私も同じ考えです〃という内容。抗議は一通だけ。七七歳の男性からのものでしたがね。

実際、世の中には死にたいと願っている高齢者が、相当数いる。僕はそう思うね。いや経済的な問題じゃなくて。老いとは、死に向かって体が壊れていく過程なんだね。ある程度の年齢になると、必ず体のどこかに障害が出る。僕も、目は見えにくくなる。歩けば転びやすい、小便は近くなる。具合が悪いというのは、指一本でも気にかかる。で、もう死んでもいいやという気になるんだよ。そのくせ病院に行くんだ、人間は。だから、なかなか死なない。人間の厄介なところだねえ。

（「サライ」小学館、一九九五年）

その生涯と死生観

専門学校在籍中の一九四七（昭和二十二）年、『達磨峠の事件』が「宝石」の懸賞に入選し、作家デビュー。推理小説、伝奇小説、歴史小説といったジャンルで活躍。一九五三年の『甲賀忍法帖』をはじめとする「忍法帖シリーズ」でブームを呼び、一躍娯楽小説界の寵児となる。

戦後娯楽小説の紙価を高からしめた「忍法帖シリーズ」や、二度の映画化で各々話題となった『魔界転生』等、生涯にわたって上質なエンターテインメントを量産しつづける一方、戦中の日記を発表し、先の戦争と戦時下や敗戦時の日本人の実体を問う、冷めた眼を提示した山田であったが、晩年パーキンソン病を患う。エッセイやインタビュー、あるいは古今東西の著名人の死に臨んでのエピソードをまとめた『人間臨終図鑑』という大部の著作等を通し、死に対して「山田風太郎流」に切り込んで、好評を博した。「死よ、奢るなかれ」という姿勢をとりつつ、老いて、病み、死ぬ、人間の悲喜こもごもを描き出した。

功績

戦前、あるいは遡って江戸期の読本等、綿々と続く伝奇文学の系譜とその骨法を引き継ぎ、奇想天外なフィクションの醍醐味を戦後社会に認知させ、根付かせた功績は大きい。

死に対する俗流ヒューマニズムに冷水をあびせ、人の生老病死を、ユーモアを交えながら厳しく見据えた晩年の諸著作は、少子高齢化時代という言葉の裏にある〝老いの不安〟の高まりのなかで、その需要と重要さを増してゆくことだろう。

（滑川英達）

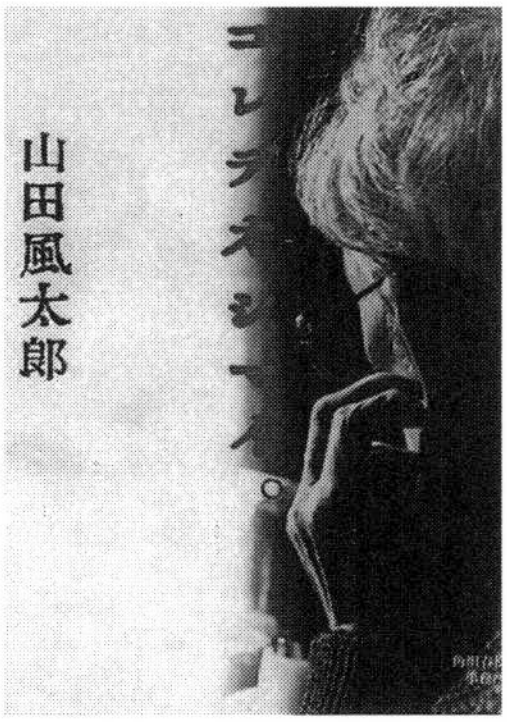

『コレデオシマイ。』（角川春樹事務所、1996年）

◉著書など

『人間臨終図鑑』（上下、一九八六―七年）『半身棺桶』（以上、徳間書店、一九九一年）、『死言状』（角川文庫、一九九三年）、『風太郎の死ぬ話』（一九九八年）、『ぜんぶ余録』（以上、角川春樹事務所、二〇〇一年）

吉田満（よしだ・みつる）

＊生涯ヲ賭ケテ果タセシモノ何ゾ

作家

一九二三（大正十二）年、東京の生まれ。東京帝国大学法学部在学中の一九四三（昭和十八）年、学徒出陣により海軍に入隊。翌年には少尉となり、副電測士として戦艦大和に乗艦する。戦後は日本銀行に入行。一九七九年死去。五十六歳。

【死を語る言葉】

僅カニ疲労ヲ覚エ、床ニ片肘ヲツケテ倚リカカル　心軽シ
斜メニ身ヲ横タウベク絶好ノ傾斜ナリ
肩ニ息ヲ吐キッツ菓子ヲ頬張ル　味覚ヲタノシムハ己レガ生身カ、虐ゲラレタル食欲カ
思イ出シテ「サイダー」ヲ呑ム　雨着ノ内「ポケット」ニ忍バセタルモノ　炭酸、咽喉ヲ弾ケテ快シ
舌ニ残ルソノ甘味
フト、肋ノ下ヨリ何ビトカノ声
「オ前、死ニ瀕シタル者ヨ　死ヲ抱擁シ、死ノ予感ヲタノシメ
サテ死神ノ面貌ハ如何　死ノ肌触リハ如何
オ前、ソノ生涯ヲ賭ケテ果タセシモノ何ゾ　アラバ示セ
今ニシテ、己レニ誇ルベキ、何モノノナキヤ」

双手ニ頭ヲ抱エ、身悶エッツ「ワガ一生ハ短シ　ワレ余リニ幼シ……
許セ　離セ　胸ヲ衝クナ　抉ルナ
死ニユクワガ惨メサハ、ミズカラ最モヨク知ル……」
何タル力弱キ呟キ

（「戦艦大和ノ最期」『吉田満著作集』上巻）

特攻兵の死というものは、やや特殊な死である。私は、帰りの燃料を持たない軍艦に乗せられて、敵地に突入した。目的地まで行きついたとしても、ただ敵と刺しちがえるだけで、作戦の成功は完璧な死を意味し、作戦がもし中途で挫折するときは、もちろん同様死を予期するほかなかった。死はいかにしてものがれられぬ運命であり、その時間もかなり正確に推定できる状態であった。つまり自分の死というものが、物理的な精密さで規定されている——これはある意味で、死の本質に反することである。死は、かならず来ることは疑えないが、いつ来るかは不明なもので、そこに本領がある。だから器械的に用意された死は、その意味で死ではない。肉体の破壊ではあるけれども、人間の死とはいえない。

（「死と信仰」同書下巻）

一九四五（昭和二十）年四月三日、吉田が乗る戦艦大和に出撃命令が下った。目的地は沖縄。燃料は片道分のみ。「天一号作戦」と呼ばれる無為無策の特攻だった。米軍戦闘機の攻撃を受けた大和は轟沈。死に臨む状況から奇跡的に生還した吉田は、終戦後すぐに自身の体験を書き記す。これが初稿となり、吉田の代表作『戦艦大和ノ最期』は、占領軍による検閲の憂き目に遭いながらも、一九五二年に本来の文語体で発表されたのである。

言うまでもなく、この作品で描かれた死の様相こそが、作家・吉田満のアルファでありオメガである。吉田によれば、特攻作戦を命じられた者たちの散華は、一般に言われる意味での死とは性格を異にしている。それは、もはや「死」とさえ呼べない事象であると言っていい。本来であれば生まれるはずの死に対する不安、すなわち「なぜ死ぬのか」という自問や懊悩が、ここでは宙吊りにされているからだ。三千人の大和乗組員たちにとって、死とは「いかに死ぬか」の問題でしかない。戦争によって目的化され、個別化・具体化されてしまった「死」――それはほとんど極限的な死の思想である。その「死」を乗り越え、「いかに死ぬか」の問いを「いかに生きるか」の問いへと反転させることが、吉田の、そして戦争を生き抜いた者たちの根本命題となったのである。

功績・エピソード等

戦中派の論客として文名を馳せることになった吉田だが、その一方で日本銀行員としての職務も忠実に果たしている。彼は国庫局長や監事などの要職を歴任し、行員の能力開発に努めるとともに、晩年は『日本銀行職場百年』の編纂にも携わった。大和が海に沈んでから四十四年後、「二度目の敗戦」とも喩えられるバブルの崩壊に際して、吉田は優れた上官として日本経済の舵を取ったと言えるだろう。

（村松泰聖）

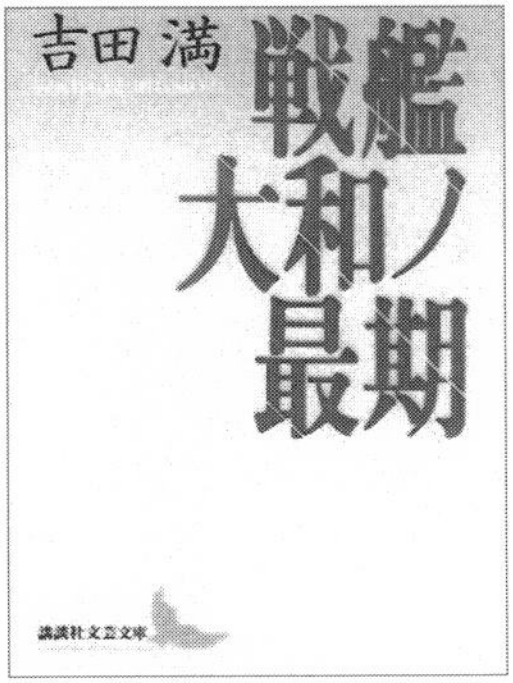

『戦艦大和ノ最期』（講談社文芸文庫、1994年）

◉著書など
『吉田満著作集』（上・下巻、文藝春秋、一九八六年）

＊慈悲と転生のカトリシズム

遠藤周作

（えんどう・しゅうさく）

作家

一九二三（大正十二）年、東京生まれ。両親はクリスチャンであり、自身も中学時代にカトリックの洗礼を受けた。慶応義塾大学仏文科を卒業後フランスに二年半留学。帰国後の一九五四（昭和二十九）年、処女小説「アデンまで」を三田文学に発表。翌年「白い人」で芥川賞を受賞。一九九六（平成八）年、肺炎により死去。七十三歳。

【死を語る言葉】

「成瀬さん、印度人はこの河に入ると、来世でよりよく生きかえると思うているそうですな。」

「ヒンズー教の人たちはガンジス河を転生の河と言っているようです」

「転生ですか。あのね、私は譫言を言った夜、実はね、こんな夢を見たのです。今でも憶えています。夢のなかで戦友が私の前に苦しそうに現われ、その苦しい戦友をガストンさんが抱きかかえている夢です。ガストンさんと戦友とは背中あわせだと私は思いました。戦友は私を助けるため肉を食うた。肉を食うたのは怖しいが、しかしそれは慈悲の気持ちだったゆえ許されるとかガストンさんが言うている夢です」

「…………」

「転生とは、このことじゃないでしょうかね。」

（「深い河」『遠藤周作文学全集』第四巻）

私のフランス留学中にあったことですが、知り合いの神父のところへ訪ねていったら、

七十過ぎの掃除婦のおばあさんがいたのですが、そのおばあさんの死も羨ましいと思いました。私はそのおばあさんに、

「どうも……」

と声をかけたのです。

「しばらく来なかったね」

「ええ、これからちょっと神父さんのところへ行って来ます」

そう言って二階へ上がって神父と話していたら、下のほうで騒いでいる声がするので、神父さんに、

「何だか騒いでいますが、どうしたんでしょうか」

と言って、行ってみたら、さっきのおばあさんが死んじゃったというんです。おばあさんは掃除が終わって、やれやれどっこいしょと腰をおろし、そのまま息を引きとったっていうんです。

そういう死に方を、今でも思い出して、ああ羨ましいなあと思います。そういう死に方を枯れ切ったというのならよくわかります。また、よくプロレスの中継を見ていて興奮のあまり、心臓麻痺で死んだお爺さんの話を聞いて、いいな、と思います。


（『死について考える』）

その生涯と死生観

日本人でありながらキリスト者であるという矛盾。遠藤周作の文学は、まさにこの相克を基盤として展開された。かつて英国に留学した夏目漱石を反復するように、戦後初のフランス留学生としてリヨン大学に学んだ彼は、近代的自我が直面するアポリアからその文学的人生を開始したのである。

その生涯は二度にわたって結核菌に苛まれている。最初に発病したときは留学先からの帰国を余儀なくされ、さらに一九六〇（昭和三十五）年にも再発。この時は生死の境をさまようほどの状態に陥った。こうした死の経験が、彼の宗教観をより具体的なものに深化させたと考えることは難しくない。一九九三年の『深い河』は、まさに魂の受難と救済、宗教と死の問題を描き出した遠藤文学の集大成であるが、そこではヒンドゥー教の思想が大胆に取り入れられ、作者が目指したカトリシズムとの融和が図られている。肉体を離れた後も慈愛によって他者の心に留まり続ける魂――すべての宗教を包括するその死生観こそ、彼が到達したひとつの回答である。

功績・エピソード

大病を患ったこともあり、晩年の遠藤は終末期医療の問題に取り組んでいる。患者の延命のみを主眼とする既存の医療体制に異議を唱え、当時ようやく議論され始めていた安楽死やホスピスの必要性を訴えたのである。それは単なる制度上の改革に留まるものではない。病院受付での対応から病気の告知に至るまで、医師・看護師が患者に対してどのように接するべきなのか、つねに病者の精神面から考え続けたのである。

（村松泰聖）

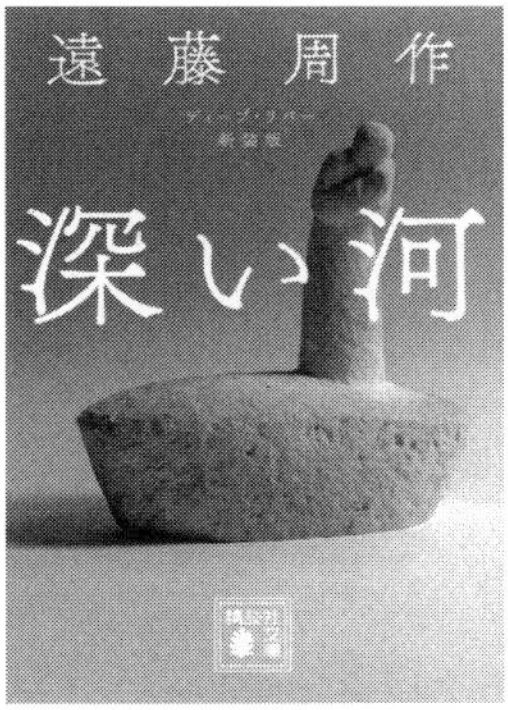

『深い河』（講談社文庫、2021年）

●著書など
『沈黙』（新潮社、一九六六年）、『海と毒薬』（文藝春秋新社、一九五八年）、『遠藤周作文学全集』全十五巻（新潮社、一九九九―二〇〇〇年）。『死について考える―この世界から次の世界へ』（光文社、一九八七年）

＊たどりついた「空」の思想

司馬遼太郎（しば・りょうたろう）

作家

一九二三（大正十二）年、大阪の生まれ。本名は福田定一。大阪外国語学校在学中に学徒出陣を受け、陸軍少尉として終戦を迎える。一九五六（昭和三十一）年、新聞記者として働く傍ら執筆した短編小説が懸賞に入選し、文壇にデビューする。一九九六（平成八）年、腹部大動脈瘤破裂により急逝。七十二歳。

【死を語る言葉】

鶴見俊輔氏が、これもインタービュアーになって（！）あの人の同人雑誌の「思想の科学」にのせるというのです。似たような話になり、鶴見氏のほうから栃木県佐野の話が切り出されました。小生一ツおぼえのように、「若いときは死ぬのはこわくないものですから」というと、鶴見さん（学齢は鶴見氏一ツ上）は、立花［隆］さんとそっくりに、

「僕は死ぬのはこわい」

といいました。小生はわが身をふりかえり、人間の深浅でいえば、立花・鶴見がはるかに深く、小生は浅し。この浅さのわけがわかったと思いました。小生は、イヌやネコのように、死を予感せずに暮らしているのです。鶴見さんは、ひとことでいえば哲学者ですし、立花さんは、わざわざ学士入学して哲学科に入ったんです。

この対談の最後に、「死など考えんでもよろし」ということを小生はいっていますが、死を考えるほうがえらいのにきまっており、そのプロセスが知的なものや、人間思想を

生むのだと両兄を見て思ったりしました。これは、反省です。ただし、いまなお検査というものをせずにきた生き方を変えようとは思いませんが。死はいいんですけど、老いは厄介ですね。歩き方が、去年より遅くなっています。全身の筋肉が衰えているのでしょう。

〔一九九五年七月二十五日付、「週刊文春」編集長・平尾隆弘に宛てた手紙〕

（関川夏央『司馬遼太郎の「かたち」』文春文庫、二〇〇三年）

私には、自己流の空の考え方がまとわりついて離れません。自分自身を長い尺度で否定したり、みじかい日々の時間の中で否定したり、同時に再構築したりしてゆくという習性です。これは、独りの私人の、ひとりのなかの作業です。悪癖ともいえます。自己が、きらいなのです。が、瞬時に気をとりなおして、自己を肯定的に再構築します。

（「なぜ小説を書くか」『司馬遼太郎が考えたこと』十五巻）

二十歳で戦地に駆り出されることになった司馬遼太郎だが、不思議と死ぬことに対する恐怖は感じなかったという。おそらくは「歎異抄」を読んだことによる浄土真宗の影響があるのだろう。親鸞の教えによれば、死とは仮の生を離れて浄土へ往くことを意味し、その先には阿弥陀如来による救済が待っている。こうして自身の死を受け入れた司馬は、上官に前線への転属願いまで提出しているが、結局それは受理されることなく終戦を迎えることになったという。

やがて司馬の興味は親鸞から離れていき、救済の思想も鳴りを潜めることになる。しかし、死に拘泥しない姿勢は基本的に晩年まで変わることがなかった。鶴見俊輔や立花隆との対談を読んでみると、迫りくる死に懊悩する二人に対し、ただ司馬ひとりが自身の死を恐れていないことが理解される。もちろん、司馬は神秘主義者などではない。たしかに親鸞や空海をはじめとする仏教思想に通暁していたが、特定の宗派を持っていたわけではなく、あくまで学究肌の人間であったにすぎない。しかし理知的に仏教を学んだからこそ、司馬は一切を相対化した上で、死後の世界を一切の無、すなわち「空」として考えることができたのである。

功績・エピソード等

司馬遼太郎は現代の社会問題についても盛んに論じているが、とりわけオウム真理教事件に示した関心は大きい。地下鉄サリン事件の直後には、連載していた原稿のなかで即座に反応してみせている。彼は社会から隔絶したオウムが「自集団中心主義」に陥っていたことを非難し、同様の傾向を世界の過激派や原理主義のなかに認める。そこには世界を相対化しようとする司馬の意識があらわれているように思える。

（村松泰聖）

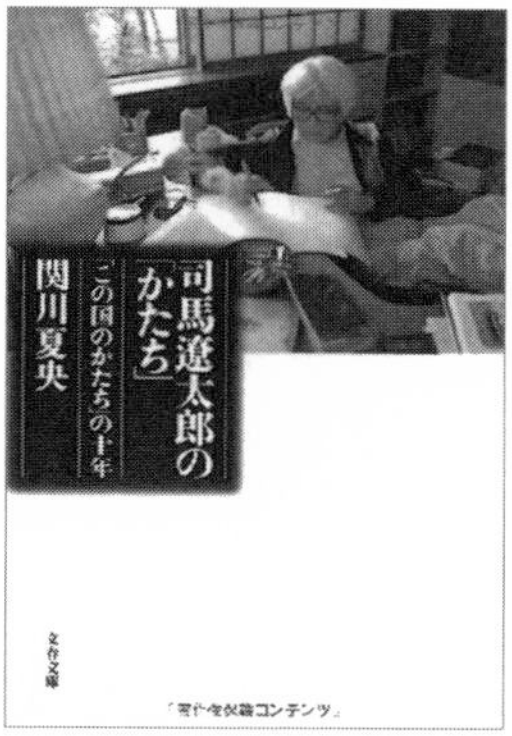

『司馬遼太郎の「かたち」—「この国のかたち」の十年』関川夏央著（文春文庫、2003年）

◉著書など

『司馬遼太郎全集』全六十八巻（文藝春秋、一九七一―二〇〇〇年）、『司馬遼太郎が考えたこと』全十五巻（新潮社、二〇〇五―〇六年）、『街道をゆく　新装版』全四十三巻（朝日文庫、二〇〇八―〇九年）

吉本隆明（よしもと・たかあき）

＊「死ねば死にきり」だが、何か一つ欠けている

詩人・評論家

一九二四（大正十三）年、東京・月島生まれ。一九四七（昭和二十二）年、東京工業大学電気科学科卒業。一九四九年、東工大大学院の特別研究員（無機化学教室）となる。一九五一年、特別研究生前期を終了後、東洋インキ製造・青砥工場に就職。二〇一二（平成二十四）年、死去。八十八歳。

【死を語る言葉】

身体とそれに伴う精神の死について、僕はいちばん好きなことばがあります。それは高村光太郎（一八八三〜一九五六）の詩の中にある「死ねば死にきり、自然は水際立っている」ということばです。死ねば死にきりで、自然は見事なものだと高村光太郎は言ってるわけでしょう。僕は、人間の心身の死はこれでいいのではないかと思っています。（中略）

僕は「死ねば死にきり」という考え方がいいなと思っているのですが、残念ながらそれを実感していません。というのは、死はこれとまったく別のことだからかもしれません。僕が身体の死にいちばん近づいたのは、（一九）九六年に遊泳中に溺れた事故ということになりそうです。その経験で何が変わったか。（中略）事故の後遺症で足腰が悪くなったり、目が悪くなったりして、ろくに仕事ができなくなって、一時は思い悩みました。歩くことも本を読むこともできない状態で、生きているというのはどういうこと

だと自問自答した時期がありました。結局は死を、いわゆる仏教がいう生死とまったく切り離して考えなければいけないのではないかと思います。

（中略）今の段階で、「死」の問題をはっきりさせるためには、「何か」が足りなくてできないのではないだろうか。だから宗教のほうにいくか、医学的なほうへいくか、どちらかしかないのでしょうが、どちらにしても、何か決定的な要素がもう一つ欠けていて、不完全だという気がします。

例えば、今はほとんどの人が病院で、身体に管や人工呼吸器などの生命維持装置を付けて死を迎えます。だから、心身の死を考え尽くしていないというか、感じ尽くしていないところがあるに違いないと思うわけです。（中略）

それは、死についていうならば、まだ初期の段階ですよね。そんな段階で悟りを開くというのならば、一つのことしかできない。つまり、形而上学的なあるいは宗教的な悟りはできるでしょうけど、科学的なものと合わさった悟りはできないと思えるんです。

（『老いの流儀』日本放送出版協会、二〇〇二年）

一九五二（昭和二十七）年、詩集『固有時との対話』、五三年、『転位のための十編』を私家版として発行。五四年、「荒地新人賞」を受賞、「荒地詩集」に参加。一方で、「マチウ書試論」を発表し、批評家としての活動を始める。五六年、東洋インキ製造を労働組合運動により退職。その後は特許事務所に七〇年まで隔日勤務した。

一九六〇年には、反安保の活動を全学連主流派とともに行い逮捕される。その直後に、近代文学賞受賞。六一年、谷川雁、村上一郎とともに雑誌『試行』を発行（十一号以降は吉本の単独編集となり、九七年・七十四号まで続いた）。六〇年代、七〇年代には『言語にとって美とはなにか』『共同幻想論』『心的現象論序説』を刊行している。

一九八一年には、文学者たちによる「反核」署名運動を批判、『「反核」異論』（一九八二年）を刊行、一九八四年には埴谷雄高との論争があった。二〇〇三（平成十五）年、『夏目漱石を読む』で小林秀雄賞、『吉本隆明全詩集』で藤村記念歴程賞、二〇〇九年には第十九回宮沢賢治賞を受賞。二〇一二年三月十六日、肺炎のため、東京千駄木・日本医科大学付属病院で死去。享年八十八歳。長女に漫画家のハルノ宵子、次女に作家のよしもとばななががいる。

死生観・エピソード等

講演なども含め、宗教や死について、多数の著作がある吉本だが、自らの「死生観」については、引用にあるように、一九九六年八月の体験が大きく影響しているように思われる。夏の休暇中に、静岡・土肥で遊泳中におぼれ、意識不明の重体となって、助かった経験である。

（森一高）

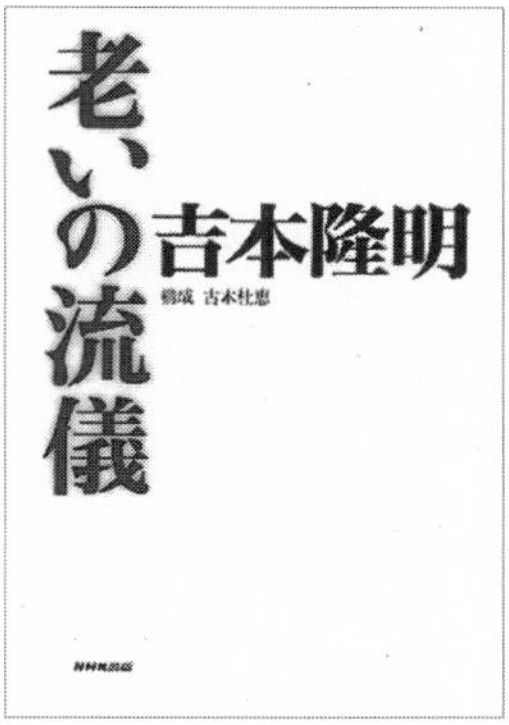

『老いの流儀』日本放送出版協会、2002年）

◉著書など

『吉本隆明全集』全三十八巻・別冊一（晶文社、現在刊行中）、『吉本隆明〈未収録〉講演集』全十二巻（筑摩書房、二〇一四—一五年）

＊生死を行き来する歌人＝見者

前登志夫（まえ・としお）

歌人

一九二六年（大正十五）年、吉野の生まれ。同志社大学中退。初め詩作を志すが、民俗学への傾倒、前川佐美雄との出会いを経て、短歌へと移行し、故郷の山林で鮮烈な歌を詠み続けた。二〇〇八（平成二十）年死去。八十二歳。

【死を語る言葉】

おのれの青春の記念碑のように、山の斜面に樹を植えつけ、わたし自身はそこから遠くいくたびも旅立ちを繰り返してきた。檜を植えるときには、この木が何十年か後に、立派な樹木に成長しわたしの屍を納める棺となってくれることを考えたものだ。まだ少しも匂わない苗木を斜面の土に植えつけ、五十年後の檜の材の香りを夢見た。

死の側からいつも歩いて来る人生とは何なのか。だが昔の人は日常のうちにそれを心得ていたのではあるまいか。だからこの世の無為なる時間をよくわきまえて生きることができたのであろう。

（「冬至の餅」『吉野日記』）

今の世の人は老の人生の充実を単純に賛美する。ありがたい時代である。だが、本当に人間として一生を全うすることの喜びは、もう少し死について思いをいたすことにちがいない。これからはすっきりと死ねないのがいちばんの悩みとなるにちがいない。

二年余臥床し、九十二歳で死んだ父は、「長く生きることに人生の意味はなかった」と述懐した。愚痴だと思ったが、今ふりかえると、九十年かけて得た老耄の知恵だった。現代の人々にそれは最もわかりにくいことだろう。死生観のふかまりもなく、ただ老いてゆくのは残酷である。

（「旅人を招く山」『吉野日記』）

僕は、死期が近づいたら、あっさり森に入ろうと決めているんです。病院で管だらけになるのはイヤです。検査漬け、薬漬けになって生きのびたくはない。この槇山のてっぺんに、橡の古木がありましてね。中に大きな空洞がある。そのほこらに入って、茶粥に梅干し、山菜と川魚だけを食べて、吉野を眺めていたい。

夏なら、なおいいなあ。樹林をわたる黒南風の湿った風に吹かれて、疣のような悔恨の情をプップツさせて、踞るヒキガエルのように、父祖の山河を眺めていたい。

（「サライ」小学館、一九九二年）

その生涯と死生観

前登志夫にとって、戦後は現代詩と各地への遍歴に始まる。それは土地の有力者で林業家の父や、吉野の地に引き継がれてきた、伝統の重みに堪えかねてのことだったのか。現代詩人として出発するが、一方で折口信夫の歌と学問に私淑し、また日本浪漫派の歌人、前川佐美雄の奈良の家を訪問、保田與重郎らと面識を得る。以後、前川を師と仰ぎ、作歌に励む。三十二歳のころ、故郷の山村に定住することを選び、「晴林雨読」の日々が始まる。父祖伝来の生活への回帰は、同時に、近代の直線的時間・歴史観から、回帰を繰り返す時間のなかの伝統的死生観へと彼を導く。近代的で強固な自我と汎神論的自然観との相剋に、前登志夫の歌の世界がある。個の人間と自然との関係は、人の生死と繋がる。個人にとって生は意志であり、人という種の死は自然に属する。この即物的な思考と無常観とが交差するとき、生死を自由に行き来する巫術的な歌の世界が生じる。

功績・エピソード等

彼を育てた環境は「海山のあひだ」ではなく、山そのものであった。平地人としての「常民」の生活感情とは異なる。この環境が「戦慄」すべき歌の数々を生み出した。それは、いわば「山人」の歌であり、「幽明界」に暮らすものにしか実感のできない、生であり死である。前登志夫の歌の根底には、死生観ならぬ死生「感」、日常に接する生と死の交錯に対する実感がある。民衆のエートスへの思いは、民俗学への持続的興味を育て、一九六七（昭和四十二）年には、短歌と民俗学の研究会「山繭の会」を主宰するに至る。八〇年、歌誌「ヤママユ」を創刊。短歌、エッセイ、対談、テレビ出演と意欲的に活動する。二〇〇三（平成十五）年、第八歌集『鳥總立』を出版、二〇〇五年、同歌集とこれまでの全業績により日本芸術院賞文芸部門、さらに恩賜賞を受賞。日本芸術院会員となる。

（滑川英達）

『吉野日記』（角川書店、1983年）

◉著書など

『前登志夫歌集』（短歌研究文庫、二〇〇五年）、『存在の秋』（講談社文芸文庫、二〇〇六年）、『森の時間』（冨山房インターナショナル、二〇一四年）

*自分に〝一日則一生〟を言い聞かせる

城山三郎（しろやま・さぶろう）

作家

一九二七（昭和二）年、名古屋生まれ。本名・杉浦英一。愛知工業専門学校在籍中、海軍に志願入隊。戦後、一橋大学に進み、大学講師を経て、作家となる。経済小説や伝記文学等、幅広いジャンルの小説を手がける。二〇〇七（平成十九）年、死去。七十九歳。

【死を語る言葉】

名をあげるのは控えるが、西日本の名刹の高僧が、病んで臨終のときを迎えた。

遺偈といい、高僧が後世に伝え残す言葉を聞こうとして、弟子たちが枕元に参集した。

ところが、息を引き取る直前、高僧の口から出たのは、

「死にとうない」

の一言だけ。弟子たちはあわてた。それでは凡俗の徒のつぶやきと同じ。とても遺偈と呼べるものではない。

何か言いちがいか、勘ちがいではないのか。

このため、おそるおそる、もう一度訊ねてみた。

「何か他に……」

高僧は答えた。

「ほんま、死にとうない」

と。

笑話ではない。私はむしろ、その高僧に好感を持つ。ためらいも、てらいもなく、真実だけを語っている。それほど「生死事大」なのである。

（「魂が戻って行く」『この命、何をあくせく』）

私は、復員してからずっと、ひょっとすると今に至るまで、「はげしく人生が終り、別の生を生きている」という思いにとらわれていた。自分を廃墟のように感じていたが、そんな余生に似た人生の中で、私にとって、たしかなものとは何であろうか、とぼんやり考えはじめた。はげしく生き、そして死んでいった者たちに代わって、私は何ができ、どう生きればいいのだろう。私は大義の呪縛からいかにして自分自身を回復して行けるのだろうか。

やがて私は、そうした問いかけに対して、小説という形で答えようと決めた。

（『そうか、もう君はいないのか』）

でも常識的ないい方だけど、毎日が充実していれば、いつ死んだっていいんじゃないですかね。今日は今日で精一杯生きたと思えば、もうそれ以上どうしようもないんだから。〝一日則一生〟という言葉がありますが、日々自分にそういい聞かせて、暮らしています。

（「サライ」小学館、一九九〇年）

その生涯と死生観

志願兵であり、特攻隊員として終戦を迎えた、所謂、戦中派である。戦後を新生と捉えながらも、残された「余生」を精一杯生きることで、戦死した者たちへの思いを引き受けようとした。一九五七（昭和三十二）年「輸出」で文學界新人賞を受賞。五九年直木賞受賞。『落日燃ゆ』の広田弘毅、『部長の大晩年』の永田耕衣等、伝記小説を通し、人の生老病死を描いたことが特筆できる。常識人のなかにある激しい生を多く描いた城山は、自身、常識人として生きた。そんな城山にとって、死とは不条理なものである。晩年、妻の死に際し、「容子がいなくなった状態に、私はうまく慣れることができない」と記す。

しかし、もちろん、その不条理を乗り越えるのが、ある種の倫理であることを、既に城山は、広田弘毅夫妻の生と死を描くことで見出していたに違いない。その倫理は西洋で「愛」と呼ばれるものと、ほぼ等しい。

功績

経済学、特にケインズに親しんだ城山は、経済小説の先駆者であったが、何よりも人間を描くことに、その主眼を置いた。大学在学中に受洗したキリスト者でもあったが、その死生観は日本人の、それも戦中派の典型ともいえる。生きることが、死への問いかけの連続であることを、何よりも知りつつ、よりよく生きることを倫理とした城山の小説群は、政治家にも愛好家が多く、城山もまた彼らと親交を結んだ。その葬儀には、中曾根康弘、小泉純一郎、土井たか子も出席した。二〇一四（平成二十六）年には、「城山三郎賞」（角川文化振興財団）が創設された。

（滑川英達）

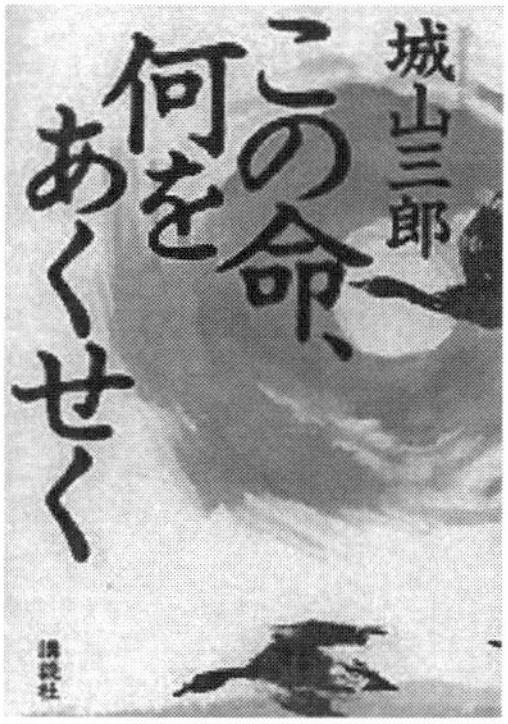

『この命、何をあくせく』（講談社、2002年）

●著書など
『官僚たちの夏』（一九七五年）、『指揮官たちの特攻』（二〇〇一年）、『そうか、もう君はいないのか』（二〇〇八年、以上、新潮文庫）、『城山三郎全集』全十四巻（新潮社、一九八〇―八一年）

*老いてもしんから機嫌よく

時実新子（ときざね・しんこ）

川柳作家

一九二九（昭和四）年、岡山県生まれ。岡山県立西大寺女学校卒業。川柳作家として、新風を吹き込んだ。二〇〇七（平成十九）年、神戸にて死去。七十八歳。

【死を語る言葉】

20代の半ばの頃、私のことを熱愛するあまり、背中にくくりつけた赤ん坊ごと抱擁してくれた人がいました。その青年はまさに体当たりで愛してくれたんですね。もちろん実らなかった恋ですが、人生にこうした出会いがあるのは愉しくて苦しく、苦しくて愉しいことです。その数が多いほど、豊かな人生なんじゃないでしょうか。

（「サライ」小学館、一九九一年）

今、私は、私の生きがいは「夫だ」とはっきり言える。もっと大きな、社会に貢献できることが生きがいなら立派なのだけれど。世の中の単位は個人である。次の単位は夫婦である。また次は家族、町内、街、県、国から世界へとつながっていく。社会は「個」という点から出発し、ふたたび「個」へと還元されるというのが私の考え方だ。（中略）目下の目標はもうひとつ下の単位、「私」の日々を、いかにして機嫌よく過ごせるかということにある。

そこで訓練の一つとして「捨てる」の実行中である。まずは物から、と思い、この夏四トントラック二杯を捨てて、ぽーんと引っ越した。思い立ってからわずか半月でやってのけた七十歳の転居を、周りの人々は無謀だの、あきれただのと言うが、そうだろうか。

「死」の近い者の義務は出来る時に果たしておくのがよろしかろう、と思って実行しただけのこと。（中略）

あとはどうやって身と心を捨てるかだ。健康が与えられているうちに、少しはお役に立ちたいと考えていると、今朝、素晴らしい空を見た。

自由自在に流れる雲、お日様の光の矢を受けて黄金色にかがやく空がヒントをくれた。そうなのだ。私はこれからも、自分をしんから機嫌よく保つことで、若い人たちに「老いてもこんなに愉しいのよ」と示せばいいのだ。

ああ、太陽がぐんぐんと昇っていく。

（『悪女の玉手箱』）

戦後の混乱期に両親のすすめで兵庫県の商家に嫁ぐ。十七歳だった。傷痍軍人だった夫の暴力に長く苦しむ生活の中、二人の子供を育てながら、二十五歳から川柳を作り始める。

嫁いですぐ短歌に親しんだ時期があった。早すぎた結婚によって見果てぬ夢となった青春への未練と子育てに明け暮れる毎日の鬱憤を歌にぶつけたが、花鳥諷詠を旨とする師から破門され、川柳に転向した。短い五・七・五の詩句に人間の喜怒哀楽をストレートに表わす川柳、時実のいう「とことん正直で、まっすぐな棒のごとき心の表白」を旨とする川柳を唯一の自己表現手段と見定め、のめり込んでいった。

一九五五（昭和三十）年、「川柳ふあうすとひめじ」の会に参加、川上三太郎に師事。新聞の文芸欄への投句、入選を重ね、一九六三年、第一句集『新子』で柳壇デビュー。七五年個人季刊誌『川柳展望』を創刊した。

一九八七年、五十八歳のとき、句集『有夫恋』（夫ある女の恋）を発表、ベストセラーとなる。これまでの川柳のイメージを一変させるセンセーショナルな作風で注目を浴びる。五十六歳のとき夫と死別していたが、年下の編集者と再婚したのはこのころである。女性の情念を率直に激しく表現したものが多くあり、その鮮烈さは実生活の新子をそのまま映していた。奔放な生き方を貫いたその作風から「川柳界の与謝野晶子」と呼ばれた。

一九九六（平成八）年『川柳大学』主宰。新聞や雑誌などの川柳投稿の選者としても活躍し、川柳の普及に貢献した。
神戸を終の住処としたが、阪神・淡路大震災を体験、川柳仲間とともに被災体験を詠んだ句集『悲苦を越えて』を出版し、被災者を勇気づけた。

（大林織江）

『悪女の玉手箱』（有楽出版社、2002年）

●著書など
句集『有夫恋』（朝日新聞社）、『時実新子全句集１９５５～１９９８』（大巧社、一九九九年）、『小説新子』（朝日文芸文庫、一九九四年）、『花の結び目』（朝日文庫、一九九八年）

＊救いの確信を、たしかな現実として見る

須賀敦子
（すが・あつこ）

イタリア文学・随筆家

一九二九（昭和四）年、兵庫県武庫郡精道村（現・芦屋市）生まれ。一九五一年、聖心女子大学卒業。一九九七（平成九）年、卵巣に腫瘍が見つかり入院。九八年、六十九歳で死去。

【死を語る言葉】

四年まえの秋にペッピーノと結婚したときから、日々を共有するよろこびが大きいほど、なにかそれが現実ではないように思え、自分は早晩彼を失うことになるのではないかという一見理由のない不安がずっと私のなかにわだかまりつづけていて、それが思ってもいないときにひょいとあたまをもたげることがあった。

（中略）

だれに打ち明けるのでもなく私が抱えていたこの不吉な予感は、しかし、まるきり根も葉もないわけではなかった。ひとつ違いの兄さんは二十一歳のとき、（中略）母親から感染した結核で死に、妹もおなじ病気で、（中略）十八歳で逝った。（中略）さらに二年も経たないうちに、再度、そしてこんどはなんの前触れもなしに襲った父親の死。それに、ペッピーノ自身、決して丈夫なほうではなかった。

これら一連の出来事を彼は私に隠そうとしないばかりか、自分にまつわる危険信号として再三、話してくれた（中略）しかし、私たちがそれぞれ抱えていた過去の悲しみをいっしょに担うことになれば、それまでどちらにとっても心細かった人生を変えられるはずだと私たちは信じようとして、ひたすら結婚に向って走った。

（「アスフォデロの野をわたって」『須賀敦子全集』第二巻）

治癒の望みがないと、世の人には見放された病人たち、今朝の私には入口の在りかさえ見せてくれなかったこの建物のなかで、果てしない暗さの日々を送っていた娼婦たちも、朝夕、こうして対岸のレデントーレを眺め、その鐘楼から流れる鐘の音に耳を澄ませたのではなかったか。人類の罪劫を贖うもの、と呼ばれる対岸の教会が具現するキリスト自身を、彼女たちはやがて訪れる救いの確信として、夢物語ではなく、たしかな現実として、拝み見たのではなかったか。彼女たちの神になぐさめられて、私は立っていた。

（「ザッテレの河岸で」『須賀敦子全集』第三巻）

その生涯

須賀敦子は一九五三（昭和二十八）年、慶応義塾大学大学院を経てパリ大学に二年間留学。一時帰国したのち、一九六〇年頃から、ミラノでカトリック左派の拠点コルシア書店の企画に参加しつつ、夏目漱石・森鷗外など近代の文学者から同時代の安部公房・井上靖・庄野潤三などの日本文学の翻訳者として活躍した。六一年、ジョゼッペ（通称ペッピーノ）・リッカと結婚。一九七一年に帰国し、慶応大、上智大、京大などのイタリア語講師を経て、八二年、上智大助教授となる（八九年、教授）。一九八九（平成元）年、ナタリア・ギンズブルグ『マンゾーニ家の人々』でミンドラ翻訳賞、九一年、『ミラノ　霧の風景』で女流文学賞・講談社エッセイ賞受賞。その後、『コルシア書店の仲間たち』『ヴェネツィアの宿』『トリエステの坂道』など、次々とエッセイを出版、人気を呼んだ。

死生観

水道設備工事の老舗企業経営者の長女として生まれた須賀敦子は、小学校からカトリック系のミッションスクールで学び育ち、十八歳で洗礼を受けた。文学好きだった父との葛藤、修道院へいこうとさえ考えた思春期、イタリア文学との出会い。そして夫ペッピーノとの結婚と死別。須賀敦子が一般に知られるようになったのは『ミラノ　霧の風景』からだが、この本は彼女が六十一歳のときに出版された。そのエッセイは、「どの文章にも激しく辛い追悼の思いが込められている」（『須賀敦子の方へ』松山巖）文体で綴られた、私小説のような深い味わいをもつものだったが、それには体験の長い発酵期間が必要だったのだろう。

（森一高）

『須賀敦子エッセンス』（河出書房新社、2018年）

●著書など
『須賀敦子全集』（文庫版＝全八巻、二〇〇六—〇八、河出書房新社）、『イタリアの詩人たち』（青土社、二〇一三年）、『マンゾーニ家の人々』上下（ギンズブルグ著、白水Uブックス、二〇一二年）

*妻と共に味わった甘美な死の時間

江藤淳（えとう・じゅん）

文芸評論家

一九三二（昭和七）年、東京生まれ。慶應義塾大学文学部卒業。文芸評論家。東京工業大学、慶應義塾大学の教授を歴任。一九九九（平成十一）年七月、自死。六十六歳。

【死を語る言葉】

「死」がそれほど怖ろしくなかったのは、若くて死んだ母の死顔を美しいと思った記憶があったためかも知れない。そのとき私は四歳半にすぎなかったが、母の枕元に坐らされて最後の別れを告げたのを覚えている。もし私にいくらかの文才と語学の才があるなら、それは二十八歳で結核で死んだこの母から受け継いだのである。（…）そのうちに私にある転換がおこった。ひと言でいえば、私はある瞬間から死ぬことが汚いことだと突然感じるようになったのである。さりとて人生に意味があるとは依然として思えなかったので、私には逃げ場がなくなり、自分を一個の虚体と化すこと、つまり書くことよりほかなくなった。だがそのとき、死んだ山川方夫が、私が口から出まかせにいった「夏目漱石論」のプランを積極的に支持してくれなかったら、臆病で傲慢な私はまだ批評を書かずにいたかも知れない。つまり私は偶然のいたずらで批評家を職業とするようになったのである。

（「文学と私」）

入院する前、家にいるときとは違って、このとき家内と私のあいだに流れているのは、日常的な時間ではなかった。それはいわば、生と死の時間とでもいうべきものであった。

日常的な時間のほうは、窓の外の遠くに見える首都高速道路を走る車の流れと一緒に流れている。しかし、生と死の時間のほうは、こうして家内のそばにいる限りは、果して流れているのかどうかもよくわからない。それはあるいは、なみなみと堪えられて停滞しているのかも知れない。だが、家内と一緒にこの流れているのか停っているのか定かではない時間のなかにいることが、何と甘美な経験であることか。(中略)だが、いわれてみればこの時間は、本当は生と死の時間ではなくて、単に死の時間というべき時間なのではないだろうか？　死の時間だからこそ、それは甘美で、日常性と実務の時空間があれほど遠く感じられるのではないだろうか。

(『妻と私』)

心身の不自由は進み、病苦は堪え難し。去る六月十日、脳梗塞の発作に遭いし以来の江藤淳は形骸に過ぎず。自ら処決して形骸を断ずる所以なり。乞う、諸君よ、これを諒とせられよ。

平成十一年七月二十一日　江藤淳

(新聞に掲載された遺書より、一九九九年)

生前のプロフィールは一歳若い一九三三（昭和八）年生まれで通していた。本名は江頭敦夫。祖父は海軍中将の江頭安太郎、叔父に水俣病のチッソ株式会社元会長の江頭豊、皇太子妃（現・皇后）・小和田雅子はいとこの娘。銀行員の父と海軍士官の娘だった母のあいだに生まれるが、江藤本人は、女子大でブレイクやホイットマンを研究した母の素養を受け継いだと書いている。四歳半のときに母が二十代で病死してしまい、江藤の生はその欠落を埋めるために費やされた。病弱で肺病や結核をわずらい、慶應義塾大学の英文科に入ったときは二十歳をすぎていた。同人誌に書いた文章が「三田文学」編集部の山川方夫の目にとまり、本人は堀辰雄論が希望したが、山川の言に従って夏目漱石論を書いて二十代前半で文壇デビュー。その後は戦後を代表する文芸評論家、保守派の論客として健筆をふるった。

江藤淳の生涯を左右したのは、幼少期における母の死と『アメリカと私』を執筆するにいたった二十代後半の二年間のアメリカ留学経験である。いわば前者の欠落を埋めるようにして、明治近代の大日本帝国の隆盛と衰退と期を一にした祖父の世代の生がフィクションとして再発見されるが、実際には大久保百人町の生家は昭和二十年にB29の空爆で消失し、その界隈は繁華街の温泉マークが立ちならぶ一角となった。また保守の論客としては、日本人のアメリカからの自主独立を主張した江藤だったが、実生活では実力主義のアメリカ社会のほうに居心地のよさを感じ、血縁感情とコネがうごめく日本社会への嫌悪感を訴えた。引用の遺書における軍人のような仰々しい言いまわしと、風呂場で手首を切るという女学生めいた自殺のギャップも、近代日本というフィクションと実人生のあいだで葛藤した、この評論家らしい最後だったといえるのかもしれない。

（金子遊）

功績・エピソード等

受賞歴に菊池寛賞、野間文芸賞、日本芸術院賞などがある。

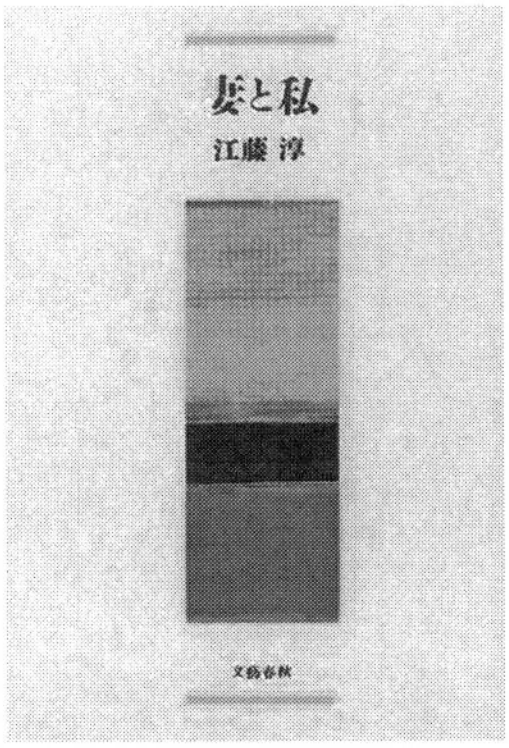

『妻と私』（文藝春秋、1999年）

◉著書など
『江藤淳著作集』全六巻（講談社、一九六七年）、『漱石とその時代』（新潮社、一九七〇—九九年）、『文学と私・戦後と私』（新潮社、一九八二年）、『江藤淳コレクション』全四巻（ちくま学芸文庫、二〇〇一年）

*「ものとしての死」を越えて

小田実

（おだ・まこと）

作家

一九三二（昭和七）年、大阪の生まれ。東京大学文学部を卒業後、フルブライト留学により渡米。一九六一年、世界旅行の経験を綴った『なんでも見てやろう』がベストセラーになる。一九六五年には〈ベトナムに平和を！市民連合〉（通称ベ平連）を結成。二〇〇七（平成十九）年、胃がんにより死去。七十五歳。

【死を語る言葉】

空襲のあと焼跡にころがる黒焦げの死体――私はその虫ケラの死のような死から、ものを考えることを始めたと言ってもよい。そのものを考えるというもののなかには、いうまでもなく、人間があった。子供ながらに私は死に直面していて、そこで私が人間のことを考えたとしてもふしぎはないが、ただ、私は平時の青年のように哲学的に死をとらえていたのではない。あるいは、敢然と特攻隊に加わった私より何歳か上の青年のように、せめてものことに美学的に死を考えようと自分を必死に説きつけていたわけでもない。死はそうした抽象的な現象ではなく、もっと具体的な何ものか――つまり、ものだった。ものとして、私のまえにいつでもころがっていて、そして、いつでも、私はそのものになってしまうのかも知れない。私はいつのまにか、そのものとしての死を通じて人間のことを考え始めていた。したがって、私の視界のなかにいる人間も、自分自身をふくめて、まず、ものだった。

（「人間について」『「生きつづける」ということ』）

「生きる」ということより、「生きつづける」ということが、死を前提にした考え方だと私は思う。「生きつづける」と言ったところで、永遠にそうはできないことを私たちは心の片隅で知っていて、それゆえに、ここで言う「つづく」ということばは、かえって限定を感じさせることばだ。（中略）どうせ死ぬのだから、ここでひとつやってやれ（この「やってやれ」のなかには、「革命をやってやれ」も、もちろん、入っている）という激しさは「生きつづける」のなかにはない。とは言っても、私は、ここで、「生きつづける」ということのなかから「やってやれ」という姿勢がまったく出て来ないものだと言っているつもりはない。そこからも「やってやれ」ということ、「世直し」に通じるほどの強いそれが出て来るのだが、その「やってやれ」は死の覚悟を背後にした、死をバネとしたものではないのにちがいない。それは、「生きつづける」ということ自体のなかから出て来るものであるように思える。

（「「生きつづける」ということ」『小田実評論撰』第二巻）

彼の原体験となった出来事は、一九四五（昭和二十）年八月十四日の大阪大空襲に求められる。それは実質的な日本の敗戦が決定した矢先の戦火だった。廃墟となった街に広がる無数の飢えと死。無垢な皇国少年だった小田実の思想は、この理不尽な「難死」（あるいは「ものとしての死」）に直面したことから始まったのである。

もちろん、自身の敗戦体験を生涯にわたり主題とし続けた作家は彼だけではない。実際、彼が十七歳にして刊行した処女単行本『明後日の手記』を読めば、そこに野間宏や埴谷雄高といった戦後派作家の影響を認めることは容易であろう。しかし、おそらく小田実ほど個人の敗戦体験を普遍的な問題として扱った作家は他にいないのではないだろうか。彼にとって「難死」は私的な経験ではなく、他者や大衆、そして世界が現在も直面している共通の主題だったのである。世界各国を旅行するなかで様々な貧困と死の光景に対峙した小田は、以降ベトナム反戦運動をはじめとする様々な反戦・市民運動を通して、「難死」の廃絶を目指していく。彼にとって敗戦は過去に属する体験ではない。それは生と同様、つねに持続する問題だったのである。

一九九五（平成七）年に阪神淡路大震災が発生した際も、小田は市民運動の先頭に立っていた。自身も被災した彼は行政による支援の不備を指摘し、日本は「人間の国」ではない、と怒りの声を挙げたのである。被災者支援法案の制定を求める小田の運動はたちまち人々の賛同を集め、市民グループと国会議員からなる立法研究会が組織された。この運動は一九九八年の「被災者生活再建支援法」制定後も続けられ、小田は病魔と闘いながら立ち続けたのである。

（村松泰聖）

『「生きつづける」ということ』
（筑摩書房、1972年）

◉著書など
『小田実全仕事』全十巻（河出書房新社、一九七〇―七八年）、『小田実評論撰』全四巻（筑摩書房、二〇〇〇―〇二年）

寺山修司（てらやま・しゅうじ）

劇作家・歌人

＊私の墓は、私の言葉であれば、充分

一九三五（昭和十）年、青森県の生まれ。少年時より俳句に親しみ、早稲田大学では短歌会に所属。一九六七年には劇団「天井桟敷」を結成。後年は劇映画を監督するなど活躍の場をさらに広げたが、一九八三年、肝硬変でこの世を去る。四十七歳。

【死を語る言葉】

昭和十年十二月十日に
ぼくは不完全な死体として生まれ
何十年かかって
完全な死体となるのである
そのときが来たら
ぼくは思いあたるだろう
青森県浦町字橋本の
小さな陽のいい家の庭で
外に向かって育ちすぎた桜の木が
内部から成長をはじめるときが来たことを

子供の頃、ぼくは
汽車の口真似が上手かった
ぼくは
世界の涯てが
自分自身の夢のなかにしかないことを
知っていたのだ

（「墓場まで何マイル？」『寺山修司短歌論集』）

寿司屋の松さんは交通事故で死んだ。ホステスの万里さんは自殺で、父の八郎は戦病死だった。従弟の辰夫は刺されて死に、同人誌仲間の中畑さんは無名のまま、癌で死んだ。同級生のカメラマン沢田はヴェトナムで流れ弾にあたって死に、アパートの隣人の芳江さんは溺死した。

私は肝硬変で死ぬだろう。そのことだけは、はっきりしている。だが、私の墓は、私の言葉であれば、充分。

「あらゆる男は、命をもらった死である。もらった命に名誉を与えること、それだけが、男にとって宿命と名付けられる。」（ウィリアム・サローヤン）

（「墓場まで何マイル？」同書所収）

「百年たったら帰っておいで　百年たったらその意味わかる」

（『さらば箱舟』）

その生涯と死生観

寺山は二十歳のときに病に倒れ、大学を退学するとともに長期療養を余儀なくされた。同病の患者たちが横で次々と死んでいくなかを生き抜いた彼には、自分は簡単には死なないという自負があったのかもしれない。

とはいえ、何も自身の運命から目を背けていたというわけではない。晩年、彼は担当の医師に向かってこう言ったという。「今、四十五歳だけど、あと五年間は演劇をやりたい。その後、十年間は文筆一本にしぼる。だから、とにかく六十歳まで生かしてほしい」(『回想・寺山修司』)。残された人生で何ができるのか、明確なプランを立てていたのである。しかし、すでに天井桟敷の活動は海外へと広がり、寺山が監督・脚本を務めた映画『さらば箱舟』の製作も進行していた。無理を押して立ち続けたこともあり、結局その願いは叶えられなかったが、彼は最後まで人を幻惑する言葉を発し続けた。

功績・エピソード等

寺山には森崎偏陸《もりさきへんりつく》という十四歳年下の義弟がいる。十七歳のときに家出をして天井桟敷に転がり込んできたという偏陸は、寺山の弟子として劇団の活動を初期から支えてきた。寺山の実験映画に『ローラ』という作品があるが、これは偏陸を主演に作られたショート・

フィルムである。上映される際はスリットが入った特殊なスクリーンが用いられ、実際の偏陸本人が観客席から映画のなかへと入っていくのだ。もちろん、偏陸本人が立ち会わなければ作品の上映は成立しない。後に寺山の母・はつの誘いで寺山家に養子として迎え入れられた偏陸は、名実ともに寺山の遺伝子を継ぐ者として、これまで世界中の上映会を飛び回ってきたのである。

（村松泰聖）

『寺山修司短歌論集』（国文社、2009年）

◉著書など
『家出のすすめ』（一九七二年）、『書を捨てよ、町へ出よう』（一九七五年、以上、角川文庫）、『さらば箱舟』（新書館、一九八四年）、九條今日子『回想・寺山修司』（角川書店、二〇一三年）

*転んでもただでは起きない力

赤瀬川原平

（あかせがわ・げんぺい）

画家・作家

一九三七（昭和十二）年、神奈川県横浜市の生まれ。武蔵野美術大学を中退後、前衛芸術運動に参加、「反芸術」を掲げて様々なパフォーマンスを行う。また尾辻克彦の筆名で、一九八一年には「父が消えた」で芥川賞を受賞している。二〇一四（平成二十六）年、敗血症のため死去。七十七歳。

【死を語る言葉】

そもそも老人力とは、転んでもただでは起きない力のことである。というか、そもそも老人とは、人が間断なくゆっくりと転んでいく状態のことなのである。（中略）少しずつ現役を離れて、目が霞んだり、物を忘れたり、腰が痛んだり、歯が抜けたりしながら、ゆっくりと、徐々に転んでいく。転ばないに越したことはないけど、気がつけば少しずつ転んでいるのは、人生の常、例外はない。時期のずれや度合いの違いはあるにしても、人類の全員がゆるゆると、やんわりと、気がつけば転んでいる状態なのだ。

それはわかっている。でも転んでもただでは起きない。そのただでは起きない力が老人力というものではないだろうか。ボケるには違いないけど、そのボケを何とか自分の人生の得点とする。物忘れはたしかだけど、それをたとえばゆとりとして活用する。まあやり方はいろいろだけど、超スローモーションのようにゆっくりと転んでいきながら、その裏側でゆっくりと、ただではなく起き上がっていく。両手いっぱいに拾っているのは、人それぞれ、何かはわからない。

（『老人力』）

ぼくは病気を、一人の人間みたいに思うようにしている。病気という名前の人である。この人がときどき交際を求めてくる。もちろん好きな人ではないからお断りしたいのだが、そうもいかない事情がある。

世の中には現実のこの人、病気さんが、たくさん動き回っているのだ。電車の中にも横断歩道にもたくさんいるから、無関係ではいられない。

必要悪という言葉があるが、この病気さんに対しても、嫌だけど、ほどほどの交際は必要なんだと思っていたほうがいい。

顔を合わせたら、少なくとも挨拶ぐらいはしておく。嫌だからといって無視すると、相手は逆上することがある。そうなると急激に関係が深まってしまい、別れるのに苦労する。病気にだって生活があるんだからと考えて、あるていどはお付き合いをして、潮どきを見てうまく離れていくのがいいのだけど、それは相手によってもいろいろだ。

（『健康半分』）

その生涯と死生観

「千円札裁判」や「トマソン」で知られる赤瀬川原平だが、一九九八（平成十）年の流行語にもなった『老人力』を記憶している者は多いのではないだろうか。そもそも「老人力」とは赤瀬川が所属する「路上観察学会」の活動から生まれ、その響きを気に入った赤瀬川がエッセーとして発表したことから人口に膾炙された言葉である。一九九五年に高齢社会を迎えた日本において、物忘れやボケといった老化現象をむしろ積極的な力の源と捉える見方は痛快だったのだろう。優れたエッセイストでもある赤瀬川の文体的魅力もあり、「老人力」はたちまち社会現象を巻き起こしたのである。

その赤瀬川原平も、七十歳を迎えると病魔に襲われ、かつてのように仲間と路上観察へ出かけることも困難になってしまった。しかし、そこは「転んでもただでは起きない力」の赤瀬川原平である。相変わらずの軽妙な筆致で、病気との付き合い方をエッセーとして連載し続けたのだ。ピンチをチャンスに変える力は、最後まで健在だったと言える。

功績・エピソード等

もうひとつ、赤瀬川による造語を紹介しておこう。「墓活」である。父の死を経験して墓参りに対する意識が高まった赤瀬川は、あるとき手近な鎌倉の地に一家の墓を移すことを決める。方々を回って物件を探すなか、たまたま目に留まったのが北鎌倉の東慶寺。何も知らずに購入を決めた赤瀬川だったが、小林秀雄や鈴木大拙といった文化人が多く眠る墓地と知って驚いたようだ。考えてみれば彼も立派な芥川賞作家である。奇妙な偶然にさぞや喜んだことだろう。

（村松泰聖）

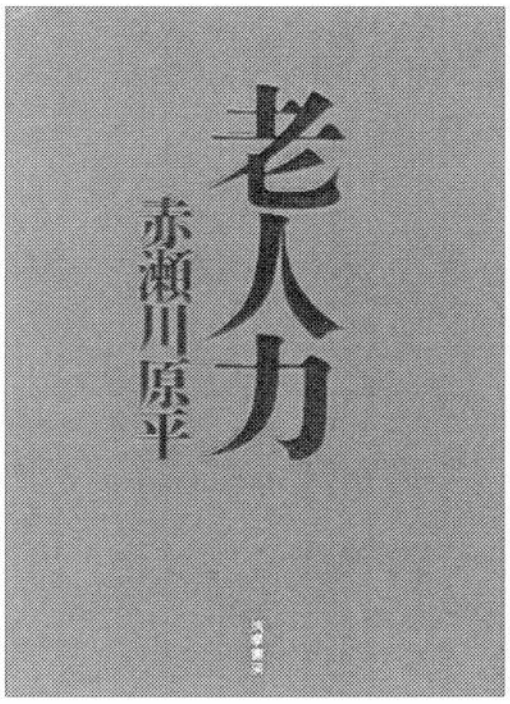

『老人力』（筑摩書房、1998年、のちにちくま文庫）

●著書など

『超芸術トマソン』（白夜書房、一九八五年）、『千利休　無言の前衛』（岩波新書、一九九〇年）、『「墓活」論』（ＰＨＰ研究所、二〇一二年）、『増補　健康半分』（デコ、二〇一五年）

*死ぬ日は生まれた時から決まっている

吉行あぐり
（よしゆき・あぐり）

美容師

一九〇七（明治四十）年岡山県生まれ。日本における美容師の草分け的存在。二〇一五（平成二十七）年、百七歳で死去。

【死を語る言葉】

九十をすぎて、メキシコ、ネパール、中国とまいりましたから、なぜだか若返ったような気がいたします。「新しい体験をすると、寿命が七十五日のびる」というそうですが、本当ね。

（中略）この頃の私の顔は、昔と比べてずいぶんおだやかになったのではないかと思います。でも、自分では満足してないの。もっときれいだといいのになあと思っていますからね。

これからの人生、どういうふうに生きていきたいかなんて、そういう夢や希望はなんにもありません。きっと、欲がないのねえ。人間が単純なんでしょうねえ。今と同じような日が流れていけば、一番結構だと思います。

ただ、いつまで生きてるのかなあ。歩けなくなったら大変だなあという心配はあります。願いがあるとすれば、歩けなくならないように、寝ついてしまわないようにということだけです。最後までちゃんと歩けて、ちゃんと考えられて、それであっという間に死にたいなあと思います。

どうしたって、おしまいはきますものね。（中略）

人間は、生まれた時から死ぬ日が決まっているんだろうと思うのです。自分にそういいきかせてるのです。今日までに多くの人との死別がありましたので、こんなように思わないとあきらめられぬという思いに到達しました。

私にも、いつかその日が来るでしょうけれど、死んだら死んだでなんとかなりますよ。道端に死体が転がってるの、見たことないでしょ。どこかでばったり死んでも、誰かがなんとか片付けてくれます。そう思ってんの、私。

海外へ行くようになってから、「あぐりさん、次はどこへいらっしゃるんですか」と、よく聞かれます。そんな時は、決まって、こう答えることにしているんです。

「たぶん、天国じゃないですか」ってね。

（『その日まで、今と同じ日が流れていきますように』『「あぐり美容室」とともに』）

豊かな弁護士家庭に生まれたが、十三歳のとき父と二人の姉がスペイン風邪で亡くなり家が傾く。女学校にも通わせてもらえると言われ、岡山県立第一岡山高等女学校在学中の十五歳で作家・吉行栄助（エイスケ）と結婚、翌年十六歳で淳之介（小説家）を出産した。半年後息子を姑に預け、先に上京していた夫のいる東京へ行くが、夫は放蕩三昧で家に寄りつかない。そこで日本美容師の草分け山野千枝子の内弟子として住み込みで修業を開始。一九二九（昭和四）年に独立し、市ヶ谷駅前に「山ノ手美容院」を開いた。同年に和子（女優）、一九三九年には理恵（詩人・作家）が生まれている。

一九四〇年に夫エイスケが急死し、三十四歳で未亡人となる。膨大な借金と三人の子を抱え、キリキリ舞いの日々を過ごすなか、戦災で家も店も失った。戦後は戦争未亡人に美容師になるための技術指導をおこなったりしながら、一九四九年に再婚、五二年に再び市ヶ谷駅前に「吉行あぐり美容室」を開店し、以後九十七歳まで現役美容師として働いた。長年の顧客には秩父宮勢津子妃、作家の佐多稲子、円地文子などがいた。

一九九七（平成九）年には、自伝『梅桃が実るとき』を原作にしたＮＨＫ朝の連続テレビ小説『あぐり』が放送され、苦労の多いなか戦前戦後を明るく生き抜いた姿が多くの人の共感を呼んだ。一九九八年、都民文化栄誉章を受章。

晩年は、娘と同じマンション内で別居し、自立して過ごすことを望んだ。一九九四年に淳之介、九七年に夫の辻復、二〇〇六年には理恵を見送った。それでも常に前向きで好奇心旺盛、長年の顧客が高齢化のため減ってきた九十歳を過ぎた頃から、和子と海外旅行に出かけるようになる。メキシコを皮切りにネパール、中国、イタリアへの旅を楽しんだ。二〇一五年、肺炎のため死去。娘・和子は、「一〇七歳まで元気に生きました。いくつもの時代、いくつもの難事を乗り越えてきた母は、あきれるくらい楽天的で、頑固ものでした」とコメントした。

（大林織江）

『「あぐり美容室」とともに』
（PHP研究所、2002年）

◉著書など
『梅桃の実るとき』（文園社、一九八六年）、『あぐり95年の奇跡』（集英社、二〇〇二年）、『あぐり白寿の旅』吉行和子共著（集英社文庫、二〇〇九年）

黒澤明《くろさわ・あきら》

＊黒澤映画の原点にある崇高な死の姿

映画監督

一九一〇（明治四十三）年、東京生まれ。私立京華中学校卒業後、画家を志し、川端画学校に通う。一九二八（昭和三）年、二科展に入選。また、兄の影響で、少年時より映画、特に外国映画をよく見る。生涯で三十本の映画監督作品を残した。一九九八（平成十）年、死去。八十八歳。

【死を語る言葉】

震災による火災がおさまると、それを待っていたように、兄は私に云った。

「明、焼跡を見に行こう」

私は、まるで遠足へでも出掛けるような浮き浮きした気持で、兄と一緒に出掛けた。そして、私が、その遠足がどんな恐ろしいものかに気が付いて、尻込みした時はもう遅かった。

兄は、尻込みする私を引っ立てるようにして、広大な焼跡を一日中引っ張り廻し、怯える私に無数の死骸を見せた。

初めのうち、たまにしか見掛けなかった焼死体は、下町に近付くにつれて、その数が増えてきた。

しかし、兄は私の手を摑んで、どんどん歩いて行く。

焼跡は、見渡すかぎり、白茶けた赤い色をしていた。

猛烈な火勢で、木材は完全に灰になり、その灰が時々風に舞い上がっている。

それは赤い砂漠のようだった。

そして、その胸の悪くなるような赤い色の中に、様々の屍体が転がっていた。

黒焦げの屍体も、半焼けの屍体も、どぶの中の屍体、川に漂っている屍体、橋の上に折り重なっている屍体、四つ角を一面に埋めている屍体、そして、ありとあらゆる人間の死にざまを、私は見た。

私が思わず眼をそむけると、兄は私を叱りつけた。

「明、よく見るんだ」

いやなものを、何故、むりやり見せるのか、私には兄の真意がよくわからず、ただただ辛かった。(…)

その死骸の山の上に、坐禅を組んだ黒焦げの、まるで仏像のような死骸があった。

兄は、それをじっと見て、暫く動かなかった。

そして、ポツンと云った。

「立派だな」

私も、そう思った。


(『蝦蟇の油』)

その生涯

東京府荏原郡（現・品川区）の陸軍教官の家に四男四女の末っ子として生まれる。おとなしい子供で、小学生のとき担任の先生にほめられて絵を描くことが好きになる。一九二三（大正十二）年に関東大震災にあい、黒澤の家も倒壊した。一九三三（昭和八）年に活動弁士をしていた兄・丙午が愛人と心中し、長兄も病死。徴兵検査で不合格になった黒澤明は、アルバイトをしながら絵描きを目ざしたが、一九三六年、二十六歳のときにＰＣＬ映画（現東宝）の助監督募集の新聞広告を見て、百人にひとりの狭き門を合格。山本嘉次郎監督らの下で助監督をつとめ、シナリオを一生懸命書いた。一九四三年、三十三歳のときに『姿三四郎』で監督デビューを果たし、作品も大ヒット。戦中は戦意昂揚映画も撮った。代表作に『野良犬』（一九四九年）『羅生門』（一九五〇年）『生きる』（一九五二年）『七人の侍』（一九五四年）『天国と地獄』（一九六四年）など。

エピソードと死生観

文京区小石川で少年時代をすごした黒澤明だったが、絵を描くのが好きな泣き虫でいじめられっ子だった。その明をきびしく指導したのが兄の丙午だった。自伝からの引用にあるように、関東大震災で東京が焼け野原になったとき、兄は明を引っぱりまわして死体を見せて歩いた。そのなかで、兄と明が坐禅を組んで平静に亡くなった死体に崇高な死を見ていることは、『生きる』などの後年のヒューマニズムの作家・黒澤明を考える上で興味ぶかい。

功績等

一九五一（昭和二十六）年に『羅生門』でヴェネチア国際映画祭金獅子賞、米国アカデミー賞名誉賞。一九五八年に『隠し砦の三悪人』でベルリン国際映画祭国際批評家連盟賞。一九八〇年に『影武者』でカンヌ国際映画祭パルム・ドールを受賞し、三大映画祭とアカデミー賞を総なめした。一九八一年にレジオンドヌール勲章、一九八五年に文化勲章、没後の一九九八（平成十）年には国民栄誉賞を授与。

（金子遊）

『蝦蟇の油　自伝のようなもの』（岩波現代文庫、2001年）

◉著書など
『全集　黒澤明』全七巻（岩波書店、一九八七―八八年）、『黒澤明語る』（福武書店、一九九一年）、『黒澤明作品画集』（TOKYO FM出版、一九九二年）

＊亡くなるまで現役を通した映画人

新藤兼人

（しんどう・かねと）

映画監督・脚本家

一九一二（明治四十五）年四月、広島市生まれ。本名は兼登。一九三四（昭和九）年、新興キネマ美術部に入り、溝口健二に師事する。二〇一二（平成二十四）年、死去。百歳。

【死を語る言葉】

僕の場合、生きることが仕事なんです。だから、散歩をするときでも、仕事になってしまう。シナリオライターや映画監督は、人を詮索するのが仕事なんです。

（中略）

夕食をすませて、お手伝いさんが帰ると、後はまったくの自由です。ところが、一時間くらいテレビを見ていると、「はっ」とする。ぼんやりしているんですね。その時間に色々なことを考えているんです。亡くなった父のこと、母のこと、それからうまくいっていない仕事のこととか……。これが「ぼんやり」の正体なんですが、このぼんやりできるというのがいい。人と住んでいると、どうしても邪魔が入ってしまいますから。だから、僕は一人暮らしの楽しみは「ぼんやり」だと思いますね。

（「第一章　老いのある暮らし」『生きること　老いること』共著者・吉行あぐり、朝日新聞社、二〇〇三年）

生きるためには悪人にならなければならないときもある。いつも心の中に悪人と善人が拮抗しているということが、生きるということであり、ドラマなんだろうと思ったんです。

僕はこう考えるようになって、救われたんですよ。人間は善人にも悪人にもなり切れない、不完全なものだということを知って。いじわるした村の人、働かなかったお父さんのこと……すべてが認められるようになったんです。世の中でいう権力者や有名人の人生だけがドラマではない。名も無く消えていく人たちの心の中にだって大きなドラマがあるんだ。僕がその後、映画の中で取り上げていった人たちもこういう人たちなんです。

（「第二章　人生、それぞれ」同書）

ラストシーンに行くまで何千コマのシーンがあるのですが、だけど、何千コマの一つだからといって一つのコマもおろそかに撮ってはだめなんです。一コマをおろそかにしたために、映画全体がダメになってしまうのです、僕も長生きだけが人生じゃないと思っているのですが、長生きも運のうち、その中で一コマをしっかり生きていきたいと思っています。

（「第四章　やがて来る日のこと」同書）

その生涯と死生観

一九五〇（昭和三十五）年に吉村公三郎、殿山泰治らと近代映画協会を創設、五一年に「愛妻物語」で監督としてデビュー。「原爆の子」「鬼婆」「ある映画監督の生涯」「竹山ひとり旅」「墨東綺譚」「生きたい」「三文役者」「ふくろう」など数々の作品を発表。執筆脚本数は二百三十本を超える。代表作に「裸の島」（一九六〇年、モスクワ国際映画祭金賞）、「午後の遺言状」（一九九五年、日本映画アカデミー賞五部門受賞）などがあり、「一枚のハガキ」（二〇一一〈平成二十四〉年）が遺作となる。

新藤は、「いろいろ苦労をかけてきたので、死ぬときは、お世話になった家族や映画のスタッフたちに、一言でいいから「ありがとう」とお礼を言う機会を持ちたい」（『生きること老いること』）と語っていた。

功績・エピソード

「裸の島」は近代映画協会の解散記念作品にと考え、最少人数のスタッフで瀬戸内海ロケを行い、撮影期間一ヵ月、予算五百万円で作り上げた。これによって、低い製作費でも優れた作品の制作が可能なことを示し、既成会社の資金的制約に捉われず自由な映画表現ができることを証明した。モスクワ国際映画祭金賞の他数々の賞をとり、新藤は世界の映画作家として認められた。また、多くの監督や脚本家を育て、日本の映画界に大きく貢献した。一九七八年、女優の乙羽信子と結婚したが、九四年に死別した。二〇〇二（平成十四）年、文化勲章受章。

（須藤隆）

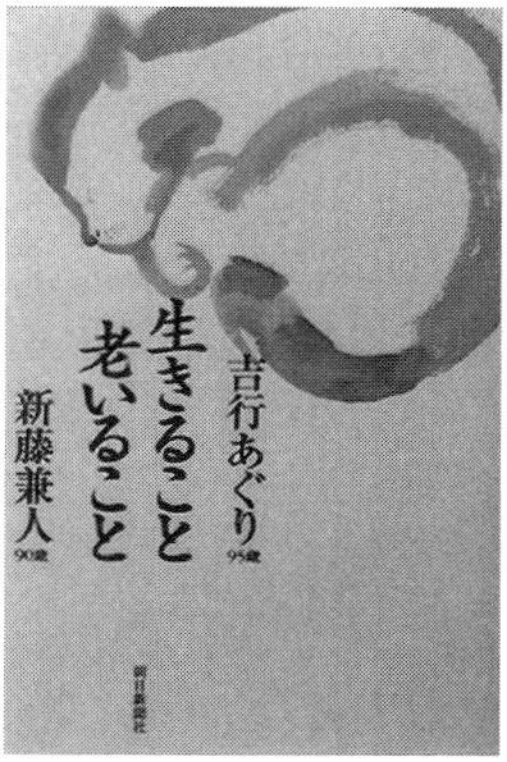

『生きること　老いること』吉行あぐり共著（朝日新聞社、2003年）

◉著書など

『愛妻記』（一九九五年）、『午後の遺言状（同時代ライブラリー　２１７）』（一九九五年）、『現代姥捨考（同時代ライブラリー　２９１）』（一九九七年）、『石内尋常高等小学校花は散れども』（二〇〇八年、以上、岩波書店）、『生きているかぎり―私の履歴書』（日本経済新聞出版社、二〇〇八年）

北林谷榮（きたばやし・たにえ）

*背を正していさぎよく迎える死

女優

一九一一（明治四十四）年、東京・銀座生まれ。本名・安藤令子。一九二九（昭和四）年、山脇高等女学校卒。二〇一〇（平成十二）年、死去。九十八歳。

【死を語る言葉】

人はいやおうなしに年をとるものですし、死も、生と抱き合わせになっているものでしょ。もし、人が死ななかったら、武内宿禰みたいなものがこのせまい島いっぱいに充満して、どうしようもなかろうと思います。考えようでは、死もまた味なものです。生という不思議がこの世にあるんだから、死という不思議も当然あると考えると、たいして怖くもありません。

（「暮しの手帖」暮しの手帖社、一九九二年）

老いの先にはボケと病気と、それから孤独が待っているというふうに、これはもう脅しに近いものが一般的に流布されているけれど、老いはその人たちの心構えというか、用意の仕方次第では悲惨でもなければ、孤独でもないんです。

（中略）

自分の器というものをよく知る。器以上のことを言ったり、喋ったり、書いたりしようと背伸びしないこと。自分というのは、大体どの程度の人間だか、これをあまり甘やかさないで、辛く見積もって、そして自分の身の丈に応じた話なり、行動なりをすることです。

（「クロワッサン」マガジンハウス、一九九八年二月二十五日号）

老齢をきわめても、わたしはまっ直ぐに躰を保って、すっすっと歩を運ぶのが好きだ。時が来て、この世を去るというときも、やはり背を正していさぎ良く足を運び、まだ知らぬ国のほうに進んでいくことになろうか。かなたの岸の土手ぎわには、久しく会わぬ亡者の友人たちが出迎えにならび、わたしを眺めて、ホラ利かん気のあいつがこんなときでも恰好つけてすかすかこっちへやって来やがるなどと笑ったりするかもしれないが、なんの亡者なんぞがなんとあげつらおうが気になどするものか。

亡者のうちの一人は、わたしがそちらに引越しするのが嬉しくてたまらぬので、昔どおりに悪くちを言ってはしゃぐのであろう。

（「八十八齢春秋」『九十三齢春秋』）

一九一一（明治四十四）年、東京市銀座の洋酒問屋「大野屋」に生まれる。本名の令子は祖母の名鈴子の「鈴」の字の右半分をもらったもの。表千家の茶人であった祖母は、北林がもっとも尊敬する理想の女性であった。母親が家を出て、この祖母と三十年ひとつ屋根の下で暮らしたことは彼女の一生の宝となった。

十一歳のとき関東大震災に遭遇、混乱の中、虐殺された在日朝鮮人の死体を見たことが強く記憶に刻まれ、のちに左翼演劇に惹かれていくひとつの理由となった。山脇高等女学校卒業し、肺尖カタルで二年間療養ののち、一九三一（昭和六）年、二十歳のとき創作座に研究生として参加する。一九三六年、村山知義、久保栄など第一線の演劇人が集まった新協劇団に入団し初舞台を踏む。同劇団解散後、一九四二年、宇野重吉、信欣三らと移動劇団・瑞穂劇団を結成、各地を巡演する。一九四五年、画家の河原冬蔵と結婚し一男一女をもうけるが、仕事で留守中に幼い娘は火傷で死去。夫とはのちに離婚した。一九五〇年、宇野重吉、滝沢修らと劇団民藝創立に加わった。

二十八歳のとき、久保田万太郎演出の「左義長まつり」で初めて老女を演じる。背中が曲がった感じを出すために針金で背骨をつくった。衣装にもこだわり、着古した野良着を収集、田んぼの案山子の着物を譲ってもらったこともある。そんな工夫と子細な人間観察を重ね、おばあさん俳優として広く知られ、半世紀にわたって魅力的な老女を多く演じた。一九八九年夏、仕事先のアメリカで頭部動脈瘤破裂により倒れるが克服し、同年中に復帰。自分が嫌なことはやらない、無理はしない、欲張らない。最期まで明晰に優雅に生きた。

功績・代表作

舞台に「どん底」「左義長まつり」「オットーと呼ばれる日本人」「泰山木の木の下で」「六道御前」「タナトロジー」ほか。晩年は「粉本楢山節考」「蕨野行」「黄落」などで脚色も手がけた。映画デビューは一九四八年。「原爆の子」「ビルマの竪琴」「キクとイサム」「にあんちゃん」「大誘拐」「阿弥陀堂だより」ほか多数に出演し、数々の賞を受賞。テレビドラマにも多数出演した。

（大林織江）

『九十三齢春秋』（岩波書店、2004年）

◉著書など
『蓮以子八〇歳』（新樹社、一九九一年）、『蓮以子八〇歳』（新樹社、一九九一年）

*八十歳を過ぎての本当の頑張り

石井好子《いしい・よしこ》

歌手・エッセイスト

一九二二（大正十一）年、東京・神田生まれ。東京音楽学校声楽専科卒業（東京芸術大学音楽学部の前身）。二〇一〇（平成二十二）年、死去。八十七歳。

【死を語る言葉】

上智大学のデーケン先生の言葉を、みんなにもよく話すんです。この言葉が私の老いを生きていくキーワードになっている。それは、〟にも拘らず笑う〟という精神です。

年をとると、体のどこかが痛かったり悪かったりで、憂うつそうな顔をしている人が多いのね。クラス会なんて行くと、もう、みんな競い合うようにして病気の話ばかりしている。聞いているこっちのほうが、憂うつになっちゃう（笑）。

（中略）

私は六四歳のとき夫を失い、その九か月後には父も亡くしたんです。言葉では表わせないほどの辛い日々だった。ようやく立ち直りかけたころに、デーケン先生の本と出会ったの。

先生によると、ユーモアとは、たんに楽しいこと、面白いことではないと。苦悩や落胆を味わった末に、〟にも拘らず笑う〟、これが真のユーモアの精神だと。まさにその通りだと思うわ。

（「サライ」十号、小学館、一九九二年）

一つの道を進んで行くとき、進めば進むほど自分自身に満足できなくなるのですね。もっと上手に歌いたい、もう少し、もう少し、というふうに思っているうちに、ここまで来てしまったということでしょう。

（中略）「いったい私は、いついちばん頑張ったのかしら」と考えますと、八十一歳から八十三歳までのあいだです。ですから、自分では八十歳からのほうがいい仕事をしていると思うのです。

（中略）

最近の私は毎朝起きるとベランダに立ち、太陽を仰ぎ、大きく背伸びをして深呼吸します。天と地のあいだに自分が立ち、地球の引力のおかげさまでここにいるということを実感します。自分の両足で立って、天と地につながっていることに思いを込めて体を伸ばします。とても気持ちがいいものです。

天に向かっているとき、自分がここに存在していると思えます。それ以外は何も考えず、丸い地球の上に自分が立っていると無心に思うのです。

（『老いのレッスン　品格のある12人の日本人』佼成出版社、二〇〇八年）

自民党の政治家・石井光次郎の次女。恵まれた家で大らかに育てられる。母の勧めで六歳からピアノを習うが、やがて歌に魅力を感じ、東京音楽学校で声楽を学ぶ。戦争の激化により短期卒業後、音楽教師となるが生徒の疎開によって退職。一九四三（昭和十八）年に結婚。終戦後、夫がオーナーをつとめる楽団の専属ジャズ歌手としてデビュー。結婚生活は、夫の酒癖の悪さから五年で離婚する。

一九五〇年、二十八歳のとき、ジャズ歌手になろうとアメリカに留学、のちフランスに渡りシャンソンに転じ、パリでシャンソン歌手としてデビューする。モンマルトルを拠点に世界各国の舞台に出演し、シャンソン歌手として活躍する。

三十九歳で帰国、石井音楽事務所を設立し、岸洋子、加藤登紀子らのマネージメントを手がけた。後進の育成や外国人アーティストの招聘に尽力。一九六三年には「パリ祭」のプロデューサーを務め、シャンソンの魅力を日本の大衆に広く伝えた。

五十五歳のとき事務所を閉鎖し、シャンソン歌手としての活動を再開。一九八八年、日本人としては初めてパリのオランピア劇場に出演、二年後には同劇場でパリデビュー四十周年記念リサイタルを開催した。

一九九一（平成三）年に日本シャンソン協会を設立し会長に就任。フランス芸術文芸勲章「コマンドール章」、紫綬褒章、勲四等宝冠章を受章している。

　エッセイストとしても優れた才能をみせた。一九六三年刊行の料理エッセイ『巴里の空の下　オムレツのにおいは流れる』（暮しの手帖社）はベストセラーとなり、日本エッセイスト・クラブ賞を受賞。食通としても知られ、料理番組に審査員として度々出演している。また、趣味は水泳で、六十五歳で台湾のマスターズ水泳大会に参加し平泳ぎ五十メートルで優勝した実績を持つ。八十歳をすぎてもなお現役で活躍した。

（大林織江）

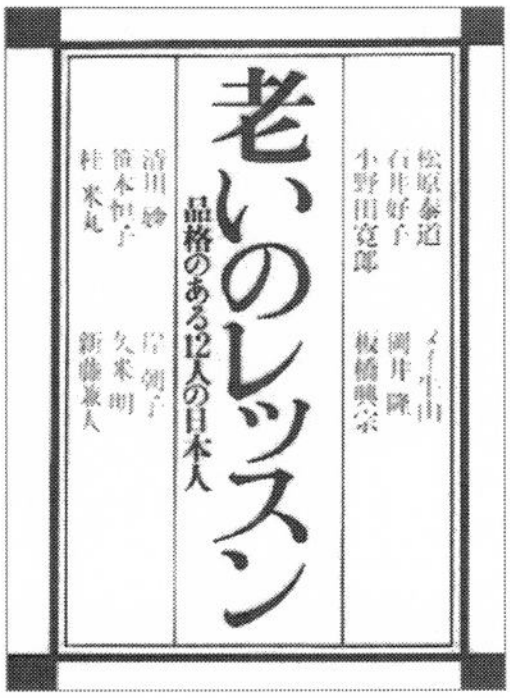

『老いのレッスン　品格のある12人の日本人』（佼成出版社、2008年）

●著書など

『巴里の空の下　オムレツのにおいは流れる』（暮しの手帖社、一九六三年）、『パリ仕込みお料理ノート』（文春文庫、一九八三年）、『女ひとりの巴里ぐらし』（河出文庫、二〇一一年）

高峰秀子（たかみね・ひでこ）

女優

＊人生の店じまい

一九二四（大正十三）年、北海道函館生まれ。半世紀にわたり女優として活躍。本名、松山秀子。夫は映画監督の松山善三。二〇一〇（平成二十二）年、肺がんのため死去。八十六歳。

【死を語る言葉】

私たち夫婦が「人生の店じまい」について考えはじめたのは、四十歳も終りのころだった。（中略）

私は亭主に整理魔と言われるほど、ゼッタイに必要以外の物は家に置かない主義だが、それでも人間五十年も生きていればじわりじわりと物が増え、そのひとつひとつに何かしらの思い出がしみこんでいる。この際、家中に澱んでいる澱を掃き出して身軽になるのも悪くない。

（中略）物への執着は捨てて、物にまつわる思い出だけを胸の底に積み重ねておくことにしよう。思い出は、何時でも何処でも取りだして懐かしむことができるし、泥棒に持っていかれる心配もない……家財道具は三分の一に減った。

（中略）私は建築屋さんに「家を小さく改造」する見積もりを出してもらった。何分にも古風な教会建築なので今は職人も少なく、改造費は建てるより高い、という。「ゲエーッ」とビックリしている内にまた正月がやってきて一年が過ぎていった。

すったもんだの挙句、半分やけくそで前の家をブッ壊し、念願の「終の住処」が完成したのは昭和六十年であった。（中略）

私たちは、あり金をはたいて最後の家を建てた。サム・マネーがあったからこそ、とはいうものの、そのマネーは、結婚以来三十余年、夫婦がわき目もふらずシコシコと働き続けて得たお宝である。そして、そのお宝のすべては「死ぬための生き方」のために費やされた。「なんのこっちゃい」と言いたくなるが、それが人生というものだろう。

入居当時は白いケーキの箱のようだった新居も、ようやくなじみ、庭に配置した木々もめでたく根づいた。と思ったら、常日頃「六十五歳死亡説」をとなえていた亭主が体力づくりと称してセッセとスポーツジムに通いだした。

「こんなにいい家が出来たのに、死んでたまるか！」

というのがその理由である。

「死ぬために生きる」のは、どっちに転んでも忙しいことですねぇ。

（『にんげんのおへそ』）

祖父は手広く事業を行い、その長男の娘として生まれた。四歳で生母を亡くすと、父の妹夫婦の養女となる。「高峰秀子」という名は、この叔母が活動弁士として舞台に立っていた時の芸名にちなんでつけられた。

養父母と上京後、松竹蒲田撮影所に連れて行かれ、五歳のとき映画『母』で子役デビュー。この名演技によって出演依頼が殺到、「デコちゃん」の愛称で親しまれた。

子役時代は忙し過ぎて、小学校には通算一ヵ月も通っていない。読み書きは仕事の合間に自分で覚えた。高収入だったために養父母だけでなく多くの親戚の生活が彼女の肩にのしかかる。この養母との確執は終生つづいた。秀子にとって女優という仕事は、好きも嫌いもない、やめたらご飯が食べられない、引き受けた以上はきっちりこなすべきもので、五十年間無遅刻無欠勤だった。

五十五歳で銀幕を退くまで三百本以上の映画に出演し、受けた映画賞の数も日本映画界で最多。木下恵介、成瀬巳喜男、小津安二郎など名だたる監督と組み、出演作品は昭和の映画史そのものである。

日本初フルカラーの『カルメン故郷に帰る』のロケ中、画家の梅原龍三郎のモデルとなる。梅原は何度も描き直した後、秀子は目が大きいのではなく眼光が強いことに気付いたという。秀子の強い意志をもった美しさの本質をついた指摘だ。
一九五五（昭和三十）年、二十九歳のとき、『二十四の瞳』の助監督だった松山善三と結婚。家庭を得た喜びはひとしおで、五十六年間の結婚生活を全うした。女優を引退後は随筆家として活躍。みずからの女優人生を綴った『わたしの渡世日記』で日本エッセイスト・クラブ賞を受賞。代表作『カルメン故郷に帰る』『二十四の瞳』『浮雲』『喜びも悲しみも幾歳月』『名もなく貧しく美しく』『恍惚の人』『衝動殺人 息子よ』ほか多数。

（大林織江）

『にんげんのおへそ』（新潮文庫、2012年）

◉著書など
『いっぴきの虫』（文春文庫、二〇一一年）、『わたしの渡世日記』（新潮文庫、二〇一二年）

＊生に対する日本的幻想の復活を

三國連太郎

（みくに・れんたろう）

俳優

一九二三（大正十二）年、群馬県生まれ。本名は佐藤政雄。映画俳優として出演作は百八十本余り。二〇一三（平成二十五）年、死去。九十歳。

【死を語る言葉】

一銭五厘の召集令状をもらって、あんまり鉄砲も撃ちたくなかったんですけれども、撃たないと具合が悪いということで、味方に殺されるのは嫌ですから戦地へ行って、幸い私は無能な兵隊だったものですから、一発の鉄砲も撃たずに終戦になったわけです。ただ、周りに約千二百名ぐらいの同年兵がおりまして、帰りがけに数えてみたならば、三分の一ぐらいに減っているわけです。それがガダルカナルへ行ったり、いろいろあちこちで連戦して、みなさん命を失ったわけですが、最後に私が終戦を聞いたのは、ハンカオ（漢口、現・中国武漢市）というところがございますが、そのハンカオの憲兵隊のスピーカーがありまして、よく聞きとれないけれども妙なことをおっしゃっているわけです。「忍び難きを忍び」というだけしか私の耳には入らなかったわけですが、司令部に帰りましたらば、戦争が終わったというわけです。（中略）そういう状態の中で、私はいろいろと職業を変えて、最後に役者になったわけですが、もう右も左もわからないところで、不特定多数の作者と不特定多数の演出家の指導を受けながら百本近い芝居をやってきたんですが、だいたい一本の撮影期間が三ヶ月くらいあるわけですが、百本というと三百ヶ月ですよね。（中略）ああ、このまま死んでしまうのはちょっとつらいなというような気がいたしまして、じつは嫁さんに、もうこのへんで別れてくれないだろうかというふうに言いましたならば、今後の生活を保障してくれればいいということで、持っているものを全部置いて、じつはインドへ行ったわけです。（『親鸞から親鸞へ』）

近頃になって急に感じることは、人間が生きるということは、「闘う」という一面を持っているような気がします。自我と闘い、外の社会と対峙しつづけます。誰かから、夢を持たない人生は動物的には生きていても人間的には死んだ人生だ、と聞いたことがあります。親鸞のように覚悟さえ決めれば希望さえ捨てなければ、滅亡を恐れることはないのではないでしょうか。原発問題もそうでしょうし、公害食品もそうですけれど、そういう部分にしても生命に対する日本的な幻想みたいなものを復活させてはいけませんね。（同書）

その生涯

著書『生きざま死にざま』では、被差別部落の出身だと出自を明かしている。根っからの反権力・反戦主義で、二十歳のときに赤紙がきたが、徴兵忌避して大陸への逃亡を企て、九州で憲兵に連れもどされて中国大陸の戦地へ送られた。復員後、一九五一（昭和二十六）年に木下恵介監督の『善魔』の主役に抜擢されてデビューし、生活費目当てで俳優業をつづけた。この映画の役名がそのまま芸名になった。その後も迫力のある演技派スターとして活躍し、市川崑の『ビルマの竪琴』（一九五六年）、小林正樹監督の『怪談』（一九六五年）、内田吐夢監督『飢餓海峡』（一九六五年）、今村昌平監督の『神々の深き欲望』（一九六八年）など、人生の陰影と人間臭さを感じさせる演技で巨匠たちに愛された。一九八八年にスタートした『釣りバカ日誌』シリーズでは、会社経営者のスーさん役で親しまれ、ユーモラスな演技で新境地を見せた。一九八七年にみずからメガホンをとった『親鸞・白い道』でカンヌ国際映画祭審査員賞を受賞。人生で四度結婚し、その他にも有名女優たちと数々の浮き名を流した。息子は俳優の佐藤浩市。

功績・エピソード等

被差別部落の出身、青年になるまでの放浪的な生活、徴兵忌避、銀座で歩いていたところをスカウトされて映画界入りした逸話など、すべてが人なみ外れている。本人が詳しく語ることは少なかった、その死生観を決定づけたのは、ガダルカナルや漢口の激戦地での戦争経験だったことは想像にかたくない。構想から二十年近くかけて完成した監督・脚本作『親鸞・白い道』が、もっとも心血を注いだ「闘い」であったことが残された著書からもよく理解できる。

生前はブルーリボン賞、毎日映画コンクール、キネマ旬報賞、日本アカデミー賞の主演男優賞、助演男優賞の常連だった。亡くなったときは、徴兵忌避の経歴があるために国民栄誉賞が与えられなかったのではないかと憶測が飛びかった。

（金子遊）

『親鸞から親鸞へ　現代文明へのまなざし』野間宏共著（藤原書店、1990年）

◉著書など
『法然・親鸞とその時代』（毎日新聞社、一九八二年）、『生きざま死にざま』（KKベストセラーズ、二〇〇六年）

＊もう、ほとんどいいな

星野哲郎（ほしの・てつろう）

作詞家

一九二五（大正十四）年、山口県、周防大島の生まれ。
二〇一〇（平成二十二）年、心不全のため死去。八十五歳。

【死を語る言葉】

僕は何度も死に直面して、その度に儲けたという感じがあって。もう、ほとんどいいな、という気もしてるんですけどね。

もちろん、それは生きるのが嫌になったということじゃない。この間も、ある女性が二十代の歌い手さんと一緒にお風呂に入って、つくづく若いコがうらやましいと思ったという話を聞いて、僕は〝それは違うよ〟といったんです。僕らから見ると、年を重ねた女性のほうがはるかに魅力的だし、男だってそうですよ。人間は長生きするほどトクです。だって好きなゴルフもできるし、絵も描ける。野菜づくりだってできますしね（中略）

心筋梗塞で倒れた後、医者に〝野菜を食べなさい〟といわれて、自分で野菜をつくることをおぼえたんですね。そしたら、嫌いだった野菜も好きになったし、自分でつくるのは、何でも本当に面白い。やりたいことはいっぱいあるし、その度に発見があって、人生が深まる。絶対に長生きするほどトクなんです。

（「サライ」小学館、一九九七年）

朱實《あけみ》の墓石は、彼女が生まれる前にいたという地中海の石でつくることにした。そしてこう刻んだ。

『我らここにより添い眠る』

彼女の法名には、僕の名前の「哲」と朱實の「朱」の字をいれてもらった。子々孫々にまで永遠にふたりの名が残るようにと。

朱實が不帰の人となって早くも九年目になろうとしている。

僕の予定では、僕が先に死ぬはずだった。そして最期のときに、彼女の手を取りながら、一言、言うつもりだった。

「ありがとう。すべてきみのおかげだったよ。もう一度人生を共にしたいと思う女は、きみだけだ。きみのほかに誰もいない」

僕はいずれきみの傍らに眠る。永遠に――。そのときこそ、僕は伝えそこねたこの言葉を、必ずきみに伝えよう。

（『妻への詫び状』）

その生涯と死生観

星野哲郎は一九四六（昭和二十一）年、官立清水高等商船学校（現・東京海洋大学）を、結核での休学を挟み卒業。日魯漁業に入社し遠洋漁業に従事するが、腎臓結核により腎臓摘出、郷里にて四年の闘病生活を送った。そのなかで作詞を学び、雑誌「平凡」の懸賞に「チャイナの波止場」で入選。一九五三年、作詞家としてデビューした。その後はヒットメーカーとして、演歌を中心に四千曲を超える楽曲の作詞を手がけた。

コロンビア、クラウンレコードの専属から、一九八三年にはフリーの作詞家へ、船村徹との名コンビで数々の演歌を手がけた星野だが、本人は「遠歌」「縁歌」「援歌」の字を好み、想い、出会い、励ましを自らの作詞の原点に置いた。北島三郎、水前寺清子、都はるみ等を育て、その代表曲を手がけてきた。若い頃の闘病生活や海への強い想いは、その歌詞に反映され、実体験をもとにした歌詞が多い。青年期の結核との闘病は、星野に死を身近に感じさせ、幼なじみの愛妻、朱實《あけみ》の死を乗り越えて後、その死生観には、透明な深みが与えられ、生をかけがえのないものとすることで、死と向き合う力が生まれることを、身をもって示した。

功績

声を荒げたことのない温和な性格で、多くの音楽関係者に愛された。一九九六（平成八）年、㈳日本作詩家協会会長、二〇〇一年には㈳日本音楽著作権協会会長に就任。一九八六年紫綬褒章、一九八八年紺綬褒章、二〇〇〇年には勲三等瑞宝章を授与されている。

（滑川英達）

『妻への詫び状』（小学館、2003年）

◉著書など

〔代表作〕渥美清「男はつらいよ」、北島三郎「なみだ船」、小林旭「昔の名前で出ています」、水前寺清子「三百六十五歩のマーチ」、都はるみ「アンコ椿は恋の花」など。

〔著書〕『歌、いとしきものよ』（岩波現代文庫、二〇一二年）

桂米朝（かつら・べいちょう）

＊いつ倒れるかわからないが、倒れるまでしないだろう

落語家

一九二五（大正十四）年、旧満州大連生まれ、兵庫県姫路育ち。本名、中川清。旧制中学卒業後、上京、大東文化学院（現・大東文化大学）に学ぶ。消滅の危機にあった上方落語の研究・復興に努める一方、多くの弟子を育てた。二〇一五（平成二十七）年、死去。八十九歳。

【死を語る言葉】

私の内弟子第一号である枝雀は三年前、五十九歳で自殺した。理想が高く自分に厳しい弟子で、地球滅亡の恐怖をよくまくらに使った。

「地球を脱出する宇宙船には定員があります、農民、大工、医者と必要な人から選んでいくと私みたいなのが残りますな。『彼は何ですか』『落語家。右や左向いてわけわからんことを言います』『じゃあ置いていきましょう』」

枝雀が「笑うてる場合やおまへん。地球は数年のうちに滅びますねんで」とむきになるほど受けて、最後に高座で泣きだす。私の目にもうつ症状が激しくなっていくのはわかったが、結局なにもしてやれなかった。

われながら妙な人生だったと思う。実生活はいたって無趣味で運動も楽器もだめ。美食家でもないし、医者に注意されても寝酒をやめられず、体が資本なのにメスを五、六回入れた。取りえは好きな落語一筋にやってきたことだが、危機感はいまもある。だか

ら引退はまだまだ先のこと。いつ倒れるかわからないが、倒れるまでしないだろう。

（古館謙二構成・インタビュー『語るには若すぎますが』河出書房新社、二〇〇三年）


私の師匠が残してくれた言葉に、こんなんがあります。〝芸人は米ひと粒、釘一本もよう作らんくせに、酒がええの悪いの言うて、好きな芸をやって一生を送るもんや。そやから貪欲にむさぼってはアカン。値打ちは世間が決めてくれる。ただ一生懸命に芸を磨く以外に、世間へのお返しの途《みち》はない。また芸人になった以上、末期哀れは覚悟の前やで〟と。

まあ好き勝手やって、人をばかにして生きてきた人間や。せめて最期くらい哀れな死に方せなんだら、世間様に申し訳ない、ということでしょうなあ。

（「サライ」小学館、一九九四年）

その生涯と功績

小沢昭一等とともに、浅草と寄席を愛したエキセントリックな作家・正岡蓉の弟子である。正岡の、上方落語の伝統の復興を為せとの言葉に、生涯忠実であった。

戦後、神戸で会社勤めをしながら、桂米團治に入門、三代目桂米朝の誕生が誕生した。埋もれていた上方の古典落語の収集、研究、復興とともに、テレビ出演等を通し、上方落語の健在をアピールした。その端正で知的なキャラクターで、落語界の地位向上という面でも貢献した。またテレビタレントとしても活躍。月亭可朝、桂枝雀、桂ざこば等の弟子を育てる。

一九八七（昭和六十二）年、長年の功労に対し、紫綬褒章が授与される。その後、一九九六（平成八）年には重要無形文化財保持者（人間国宝）の認定を受ける。二〇〇二年、文化功労者に、二〇〇九年には演芸人初の文化勲章を授与された。没後、閣議決定により、従三位を与えられた。生前、落語研究という分野でも生き字引的存在であり、古書、文書の収集に努め、またその芸風と門下生の育成において人格者の名に相応しい一生であった。

（滑川英達）

『桂米朝　私の履歴書』（日本経済新聞社、2002年）

◉著書など

『米朝落語全集』全七巻（創元社、一九八〇―八二年）、『桂米朝集成　上方落語』全四巻（二〇〇四―〇五年）、『桂米朝座談』全二巻（以上、岩波書店、二〇〇五―〇六）、CDに、『桂米朝　上方落語大全集』（東芝EMI、二〇〇六年）、DVDに『蔵出し！米朝全集』（ユニバーサル、二〇一二年）

＊有為転変する人の世に笑いの種を

渥美清

（あつみ・きよし）

俳優

一九二八（昭和三）年、東京・上野車坂の生まれ。本名は田所康雄。父は地方紙の記者、母は元小学校教諭の次男。一九九六（平成八）年、転移性肺がんのため死去。六十八歳。

【死を語る言葉】

（前略）森川（信）さんは、当時、TBSのテレビドラマに出演しておられましたが、仕事の途中で急に具合が悪くなって入院され、それから三日目に急に亡くなられたそうでございます。

　わたくし、列車の中で、そのことを知りまして、

「ああ、これで、おいちゃんもいなくなった。フーテンの寅の映画も、やがておしまいになるんだろう」

　と一人合点したものでございます。

帰りまして、わたくし、さっそくお通夜にかけさんじましたが、後で寂しい思いをしましたねえ。

　どんな寂しい思いかと申しますと、お通夜の翌日、大船撮影所のセットに行きましたところ、おいちゃん役の森川さんが撮影のたびに使ってた湯呑み茶碗や「とらや」の帳

場で使う座布団、茶ぶ台……そのすべてが、そのまま保管してあったのでございますよ。わたくし、そのセットに一人たたずんでおりますうちに、（中略）人の世の中というのは、ほんとうに移り変わっていくんだなアと――おいちゃんの死をいたみながら、しみじみ思ったものでございます。

（前略）体が回復してまいりまして、バンガロー風の外気療法小屋に移されました。（中略、飾り職人が）

「康さん（つまり、わたくし）、女房がね、兄貴とくっついちゃったんだよ。その兄貴は、オレと二人っきりの兄弟なんだよ。オレ、入院してるのにね、女房のやつ、その兄貴とくっついちゃったんだよ。そんなことあっていいのかい」（中略）

そのうちに電車の警笛がプー、プー、プー、プーって、けたたましく聞こえて参ります。飛び込み自殺でございます。いうまでもありません。飛び込んだのは、ついさっきまでドテラ姿でクツぬぎ板に座っていた、あの飾り職人だったのでございます。彼が即死したことを知りまして、わたくし、後で、なぜ彼にやさしくしてやれなかったのか……人間というものは、決まって後でそれを口にすることですが、わたくしもまた、そういう人間の一人でございました。

（『渥美清　わがフーテン人生』）

その生涯

小学校時代は欠食児童で病弱、長期病欠もした。その病欠のときにラジオで落語を聴いていたという。戦争中は中学生で学徒動員、卒業後は工員として働いた。戦後の一九四六（昭和二十一）年、軽演劇の一座に入った後、渥美清の芸名で浅草「百万弗劇場」の専属コメディアンとなり、川崎市内のストリップ劇場を経て、浅草「フランス座」に入る。一九五四年、結核手術のため埼玉県の病院に入院。退院後、五七年、フランス座をやめ、映画、テレビに転身。一九六一年には、ＮＨＫ「夢であいましょう」にレギュラー出演する。一九六三年、野村芳太郎監督「拝啓天皇陛下様」で主演、また羽仁進監督の主演作「ブワナ・トシの歌」が好評を博した。一九六六年から六八年には、テレビドラマ「泣いてたまるか」「男はつらいよ」に出演。一九六九年に山田洋次監督の「男はつらいよ」第一作が公開、四十八作が制作されて、国民的俳優となった。一九九五（平成七）年、遺作「男はつらいよ・寅次郎紅の花」が公開された。

エピソード

渥美は生前に、「撮影中には絶対倒れたくないよ。倒れてごらんよ、みじめだよ。マスコミに写真なんか撮られちゃうから。寅さんが終わって五年か十年して、酒なんか飲みながら、そう言えば渥美清なんて役者いたよなあ、なんか二、三年前にのたれ死んだらしいよって、そういうのがいいんじゃないのかなあ」と語っていた（『拝啓渥美清様』中央公論新社、二〇〇〇年）。

「男はつらいよ」シリーズのタンカバイ（啖呵売）の口上は、渥美が終戦直後の上野界隈でよく見かけたテキヤの様々な語り口を、ノートに詳細に記したものが素地になっている。一九八八（昭和六十三）年に紫綬褒章、死後の九八（平成十）年九月に国民栄誉賞を受賞している。

（須藤隆）

『渥美清　わがフーテン人生』
（毎日新聞社、1996年）

◉著書など
『赤とんぼ―渥美清句集』（本阿弥書店、二〇〇九年）、『きょうも涙の日が落ちる―渥美清のフーテン人生』（展望社、二〇〇三年）

＊最後まで映画俳優をつらぬいた男

高倉健（たかくら・けん）

俳優

一九三一（昭和六）年、福岡県生まれ。本名は小田剛一。明治大学を卒業後、一九五五年に東映の俳優となる。一九七六年、独立。二〇一四（平成二十六）年、死去。八十三歳。

【死を語る言葉】

あの震災の日、少年時代に体験した一九四五年八月十五日がよみがえった思いでした。疎開先で学徒動員に駆り出されていた僕は、貨車から石炭を降ろす仕事をさせられていたんです。なぜか終戦のあの日はそれがお休みで、仲間と近くの寺の池で泳いでいたら、天皇陛下のお言葉があるらしい、と聞いて。あわてて寺の本堂に駆けつけたら、大人はもう泣いていた。「日本は戦争に負けた」と。

あの日のショックと似た衝撃を、大震災の日にも感じました。信じていたものが崩れていく。これからいったい何が起こるのか。日本はどうなるのか……。本当に諸行無常。ここまで強くそれを感じたのは、終戦の日と大震災の日だけです。

（『健さんからの手紙　何を求める風の中ゆく』近藤勝重著）

僕は、志があって俳優になった訳ではない。思いもよらない変化をかいくぐりながら、出逢った方々からの想いに応えようと、ひたすらにもがき続けてきた。

「往く道は精進にして、忍びて終わり、悔いなし」

阿闍梨さんが浮かべる満面の笑みとともに、僕に一つの道を示し続けて下さっている。


（『高倉健　Ken Takakura 1965–2014』「最後の手記」）

＊阿闍梨さん　天台宗僧侶・酒井雄哉のこと。（本書一二頁参照）

（前略）自分の未来というものがどのように見えているのですかと私か訊ねると、高倉さんはこう答えた。

「何も見えていませんね。僕はついこのあいだまでは、メキシコのモーテルでからからになって死んでたよ、なんていうのはかっこいいなと思っていたこともありましたけど、いまはそういうのはいやですね」

そこで、私が、いまは、と訊ねると、こう答えたのだ。

「いまはね、そうですね、いまだったら、アクアラングで潜ったままぜんぜん出てこないというのがいいですね。なんだかカリブ海に潜りに行ったまんま上がってこないよ、というのが一番いいですね」


（同書、沢木耕太郎「深い海の底に――高倉健さんの死」）

その生涯と死生観

「日本侠客伝」「網走番外地」「昭和残侠伝」シリーズなどの任侠映画で、義理人情の世界に生きる寡黙な〝健さん〟のイメージが作られた。一九七〇（昭和四十五）年、「燃える戦場」（ロバート・アルドリッチ監督）でハリウッド映画に出演し、一九七四年、「ザ・ヤクザ」（シドニー・ポラック監督）、一九八九年、「ブラック・レイン」（リドリー・スコット監督）にも出演。一九七六年、東映を辞めて独立し、佐藤純弥監督の「君よ憤怒の河を渉れ」に主演、これは、中国の人々が初めて目にした外国映画だった二〇〇〇（平成十二）年以降は、降旗康男監督の「ホタル」（二〇〇一年）、張芸謀（チャンイーモウ）監督の「単騎、千里を走る。」（二〇〇六年）に主演。通算二百五本目の作品だった降旗監督の「あなたへ」（二〇一二年）が遺作となった。

生涯を映画にかけた高倉は、父も母も兄も、映画の撮影中に亡くしているが、葬儀には出なかった。「自分の感情をおしころしても、自分のつとめは果たしたという自負みたいなものが、ぼくの中に非常に強くある」と語っている（『映画「鉄道員／ぽっぽや」高倉健とすばらしき男の世界』ホーム社、一九九九年）。

功績・エピソード

一九七八（昭和五十三）年、森谷司郎監督「八甲田山」と、山田洋次監督「幸福の黄色

いハンカチ」で第一回日本アカデミー賞主演男優賞をダブル受賞。一九八三年、蔵原惟繕監督の「南極物語」で第一回ゴールデングロス賞最優秀金賞受賞、一九九九（平成十一）年、降旗康男監督の「鉄道員／ぽっぽや」は、第二三回日本アカデミー賞最優秀主演男優賞、モントリオール世界映画祭主演男優賞を日本人として初受賞し、第四四回アジア・太平洋映画祭主演男優賞も受賞。一九九八年、紫綬褒章受章。二〇一三年、文化勲章受章。

一九九三年『あなたに褒められたくて』（集英社）で、第十三回日本文芸大賞エッセイ賞を受賞。また、一九九六年から二〇〇〇年まで、ニッポン放送に出演し、それをもとに『旅の途中で』（新潮社）を刊行するなど、寡黙な印象とは異なる一面もあった。

（須藤隆）

『高倉健　Ken Takakura 1965–2014』（文春文庫、2016年）

◉著書など
『南極のペンギン』（集英社、二〇〇一年）、『旅の途中で』（新潮社、二〇〇三年）、『健さんからの手紙　何を求める風の中ゆく』近藤勝重著（幻冬舎、二〇一五年）

死《し》を語《かた》る50人《にん》の言葉《ことば》

宗教家・学者・医師・芸術家の「死生観」

2023年8月15日　第1版第1刷発行

編者◆近代文《きんだいぶん》化《か》史《し》研究会《けんきゆうかい》

発行人◆小島　雄

発行所◆有限会社アーツアンドクラフツ

東京都千代田区神田神保町 2-7-17

〒101-0051

TEL. 03-6272-5207　FAX. 03-6272-5208

http://www.webarts.co.jp/

印刷　シナノ書籍印刷株式会社

落丁・乱丁本はお取り替えいたします。

ISBN978-4-908028-86-1　C0095
